Peter Tradowsky ·
«Aufs neue nach so langer Frist ...»

PETER TRADOWSKY

«Aufs neue nach so langer Frist Soll ich beschimpft, zertreten werden»

Kaspar Hauser im Geisteskampf der Gegenwart

VERLAG AM GOETHEANUM

Einbandgestaltung von Gabriela de Carvalho

Satz: Heiko Hanekop
Druck und Bindung: Freiburger Graphische Betriebe
ISBN 3-7235-1005-1

Inhalt

Vorwort

Die vorliegende Schrift ist eine Art Antwort auf den im November 1996 in der Zeitschrift *Der Spiegel* veröffentlichten Artikel über Kaspar Hauser, in dem auf Grund von Genanalysen die Identität Kaspar Hausers als badischer Thronfolger für unmöglich erklärt wird. Diese Einzelfrage der Kaspar-Hauser-Forschung, die selbstverständlich wissenschaftlich seriös verfolgt werden muß – was hier nicht geleistet werden kann –, wird zur Veranlassung genommen, Kaspar Hauser schließlich als «depperten Bankert» hinzustellen. Damit enthüllt sich die in dem Artikel mehr und mehr zu beobachtende Absicht, die Gestalt Kaspar Hausers als Kind Europas auszulöschen, zu vernichten. Das wissenschaftliche Ergebnis dient nur als sensationeller Aufhänger. Das Ganze muß als schwerwiegendes Zeitsymptom gewertet werden, insofern dadurch eine spirituelle Gestalt eliminiert werden soll. In dieser Situation habe ich mich wie Georg Friedrich Daumer im 19. Jahrhundert dazu aufgerufen gefühlt, für Kaspar Hauser einzutreten. Es werden daher hier bewußt diejenigen Züge im Bild Kaspar Hausers hervorgehoben, die nichts oder wenig mit der Abstammungsfrage zu tun haben. Dieses Buch vereinigt Altes und Neues, was in Wort und Schrift dargestellt wurde. Das Entscheidende der Darstellung liegt aber in der Komposition, die eine zusätzliche Aussagekraft hat.

Zu den Herausforderungen am Ende dieses Jahrhunderts gehört es wohl, daß die Gesamterscheinung Kaspar Hausers angegriffen wird. Damit ist er hineingestellt in den Geisteskampf der Gegenwart. Dieser Geisteskampf um die Spiritualität ist im Michael-Zeitalter eine Aufgabe, die mit allen zur Verfügung stehenden Kräften zu erfüllen ist.

Berlin, August 1997 *Peter Tradowsky*

1. *«Aufs Neue nach so langer Frist Soll ich beschimpft, zertreten werden»*

Mit diesen Worten aus dem Widmungsgedicht Georg Friedrich Daumers zu seinem Werk «Kaspar Hauser, sein Wesen, seine Unschuld, seine Erduldungen und sein Ursprung» (Regensburg 1873) kann in treffender Weise die Situation charakterisiert werden, die durch den *Spiegel*-Artikel «Der entzauberte Prinz. Kaspar Hauser, Gen-Forscher lösen ein Jahrhundert-Rätsel (*Der Spiegel*, Nr. 48/ 25.11.1996) eingetreten ist.

In diesem Widmungsgedicht, dem eine reale Geist-Begegnung zwischen Kaspar Hauser und Daumer zugrunde liegt, wendet sich der im Geiste lebende Kaspar Hauser an Daumer, der im Leben sein Lehrer und Freund war, der nach Kaspar Hausers Tod in Treue sein Kämpfer und sein Schützer war, mit der Bitte, die Vernichtung, die Auslöschung seines Wesensbildes durch die Schrift von Julius Meyer «Authentische Mitteilungen über Caspar Hauser» (Ansbach 1872) zu verhindern. Dies ist denn auch durch Daumers Werk geschehen.

Es gehört offenbar zum Schicksal der Geistgestalt Kaspar Hausers, immer wieder und wieder angegriffen, verleumdet und verleugnet zu werden. Dies geschieht jetzt durch den *Spiegel*-Artikel, der dadurch allerdings Kaspar Hauser hineinstellt in den Geisteskampf der Gegenwart.

Denn dieser weltweit in allen Medien verbreitete Artikel ruft unmißverständlich dazu auf, entweder die ganze Kaspar-Hauser-Angelegenheit als Humbug abzutun – was die Absicht des Artikels ist – oder gerade dadurch für die spirituelle Bedeutung Kaspar Hausers aufzuwachen. So wird – und das mag das Positive des Vorgangs sein – für jeden von Grund auf die Wahrheits-, die Urteils-, die Entscheidungsfrage gestellt. Für diejenigen, denen Kaspar Hauser in diesem Ringen erhalten bleibt, wird er zweifellos eine gesteigerte Bedeutung haben, für die anderen wird er verloren sein. Eine Scheidung der Geister tritt durch diese Herausforderung unverkennbar ein.

Man kann den Vorgang aber auch als Gegenschlag verstehen. Seit den 80er Jahren ist durch verschiedene Veröffentlichungen das Kaspar-Hauser-Bild tiefgehend verändert worden, wohl auch als Frucht der der Wahrheit verpflichteten Arbeit von Hermann Pies.[1] Die Bedeutung des Kindes von Europa ist zunehmend erkannt worden.

Dadurch entstand dann auch der Impuls zu einer Verfilmung durch Peter Sehr. In der engagierten Darstellung von André Eisermann ist Kaspar Hauser weltweit bekannt geworden, da zahlreiche Fernsehanstalten den Film zeigten. Allerdings beschränkt dieser Film den Kaspar-Hauser-Fall im wesentlichen auf das dynastische Verbrechen, gestützt auf die Ergebnisse der wissenschaftlichen Forschung.[2] So wurde Kaspar Hauser für eine breite Öffentlichkeit eine durchaus positiv gesehene Gestalt. Anerkennung kam auch von so renommierten Historikern wie Golo Mann.

Diese Entwicklung rief Gegenkräfte auf den Plan, die den auf das dynastische Verbrechen gefährlich beschränkten Kaspar-Hauser-Fall durch den Nachweis endgültig auslöschen wollen, daß das dynastische Verbrechen seiner Substanz entbehrt: Kaspar Hauser sei nicht der badische Erbprinz gewesen. Falls diese Aussage zutreffen sollte, wäre der Fall tatsächlich – allerdings nur in seiner Beschränktheit – ad absurdum geführt. Es rächt sich eben, daß vielfach die außerordentlich komplexe Gestalt und das vielschichtige Geschehen allzu stark vereinfacht und veräußerlicht wurde. Der in dem *Spiegel*-Artikel zu Tage tretende Impuls setzt zwar bei der populären Abstammungsfrage an, beschränkt sich aber keineswegs auf die dadurch gegebenen Schlußfolgerungen, sondern vollführt einen Rundumschlag. Das methodische Vorgehen des *Spiegels* soll hier als ein besonderes Zeitsymptom betrachtet werden.

Die Verfasser des *Spiegel*-Artikels sehen als Jahrhundert-Rätsel die Frage nach der Abstammung Kaspar Hausers an. Für die seriöse Kaspar-Hauser-Forschung ist dies im Grunde genommen kein Rätsel mehr. Denn fast alle Historiker sind sich mit Hermann Pies, dem bedeutendsten Kaspar-Hauser-Forscher des 20. Jahrhunderts, darin einig, daß Kaspar Hauser der als Sohn von Karl von Baden (1786 bis 1816) und Stephanie de Beauharnais (1789–1860) – Adoptivtochter Napoleons – am 29. September 1812 geborene badische Thronfolger ist. Hermann Pies hat das Ergebnis seiner damals über 40jährigen Forscherarbeit in seiner Kaspar-Hauser-Dokumentation (1966) folgendermaßen zusammengefaßt. «Nunmehr glaube ich jedoch, einen so handfesten Indizienbeweis für Hausers badisches Prinzentum erbracht zu haben, wie man ihn wohl kaum schlüssiger für *gelungene* dynastische Verbrechen zu erbringen vermag.»[3]

Die Absicht des *Spiegels* war, dieses Forschungsergebnis dadurch zu bestätigen oder zu widerlegen, daß durch eine Genanalyse des Blutes, das auf der Unterhose gefunden wurde, die Kaspar Hauser bei seiner Ermordung trug, der Nachweis geführt werden sollte, ob Kaspar Hauser ein Sohn der Stephanie de Beauharnais sein kann. Dazu war nötig, daß sich zwei weibliche Nachfahren Stephanies für einen Blutvergleichstest zur Verfügung stellten. Bei der Analyse der Blutreste auf der Unterhose kamen die Forscher «bis dicht an die Nachweisgrenze». Aber sie konnten schließlich triumphieren: «Wir haben die Nadel im Heuhaufen gefunden.»[4] Und sie kamen durch den Blutvergleich zu dem Ergebnis: «Das Blut stammt nicht von einem Sohn der Stephanie.»[5] Dieses Ergebnis der DNS-Analyse zweier Institute in München und Birmingham veranlaßt die *Spiegel*-Autoren zu verräterischer Euphorie: «Das Rätsel ist gelöst, der historische Krimi, der so viele Phantasien freisetzte, erweist sich als ein Märchen der deutschen Romantik: das Auftauchen aus dem Nirgendwo, das unsägliche Leiden und Sterben des Wildlings Kaspar Hauser – und die unendlichen Fragen nach seinem Geblüt.» Wenig später enthüllt sich die Tendenz noch deutlicher: «Nun ist der Mythos entzaubert – das anrührende, sehr gefühlsträchtige, sehr deutsche Mysterium um einen Nobody, der zur Klasse der Herrschenden gehört haben könnte.»[6] Verblüfft fragt man sich, in welchem Bewußtseins- und Erkenntniszustand eine derartige Grenzüberschreitung möglich ist. Es ist erstaunlich, daß nicht bemerkt wird, daß durch die Aussagen der Gen-Forscher bestenfalls etwas über die Identität Kaspar Hausers ausgesagt wird, nicht mehr und nicht weniger. Damit ist die ganze Angelegenheit keineswegs «ein Märchen aus der deutschen Romantik». Jeder sachliche Boden ist verloren, wenn die Aussage über die Abstammung mit dem «Auftauchen aus dem Nirgendwo» in Verbindung gebracht wird. Vollends infam ist es, das «unsägliche Leiden und Sterben des Wildlings Kaspar Hauser» in Verbindung mit der Abstammungsfrage als Legende, das heißt doch nichts anderes denn als eine Lüge hinzustellen. Die Autoren lassen sich durch eine blendende, vom Zeitgeist getragene wissenschaftliche Aussage dazu hinreißen, Dinge miteinander in Verbindung zu bringen, die beim besten Willen nichts miteinander zu tun haben. Denn die tatsächlichen Leiden Kaspar Hausers haben mit seiner Identität schlichtweg nichts zu tun. Die Autoren müssen sich den Vorwurf gefallen lassen, daß es ihnen keineswegs in seriöser Weise nur um die Klärung der Identität Kaspar Hausers geht. Ihre Absichten schießen weit über dieses Ziel hinaus. Verräterisch sind ihre Worte: «Nun ist der Mythos entzaubert» – welcher denn?! – und ihr Hinweis auf das «anrührende, sehr gefühlsträchtige, sehr deutsche Mysterium» in ihrer Tendenz, ohne irgendeinen sachlichen Zusammenhang alles, was mit Kaspar Hauser in Verbindung steht, mit Hohn und Spott zu überziehen. Mit geliehener wissenschaftlicher Autorität wird eine unerhörte Grenzüberschreitung vollzogen, während die Schlußfolgerungen, die sich aus der – ernst genommenen – Aussage ergeben, nicht gezogen werden.

Bevor dem nachgegangen werden soll, ist auf einen Schwachpunkt in dem Vorgehen des *Spiegels* hinzuweisen, auf den Hanno Kühnert in «Die Zeit» (Nr. 49/1996) unter dem Titel «Unterhose mit Blutfleck. Wie der *Spiegel* einen badischen Prinzen zu einem Tiroler Deppen machen will» aufmerksam gemacht hat. In diesem Artikel wird das unkritische Vorgehen des sonst so kritischen *Spiegels* im Vorfeld der Gen-Analyse unter die Lupe genommen; denn durch nichts ist bewiesen, daß der Blutfleck auf der Unterhose tatsächlich von Kaspar Hauser stammt. So hat die Hose mindestens zweimal ihren Ort gewechselt. Gerüchteweise wird von Manipulationen an ihr berichtet. Mit Recht wird daher in dem Artikel darauf hingewiesen, daß nur eine Gen-Analyse an dem auf dem Ansbacher Johannis-Friedhof begrabenen Kaspar Hauser zu einem sicheren Ergebnis führen könnte.

Darüber hinaus muß es bei der weiter unten darzustellenden Sachlage auch erlaubt sein, nach den Fehler- und Irrtumsmöglichkeiten der angewandten Untersuchungsmethode zu fragen. Man befindet sich zugestandenermaßen an der Nachweisgrenze, dem Ergebnis kommt nach der Statistik eine höchste Wahrscheinlichkeit zu, wissenschaftlich gesehen aber keine absolute Sicherheit. Einer gründlichen zukünftigen Prüfung muß es überlassen bleiben, zu klären, ob es wirklich zweifelsfrei möglich ist, über fünf Generationen hinweg den Verwandtschaftsgrad zu bestimmen. Und: Gibt es Variationsmöglichkeiten durch die Wirkung des Ich im Menschen?!

Nun aber zu dem, was den *Spiegel*-Autoren in ihrem Übereifer und in ihrer Absicht, den Kaspar-Hauser-Fall ein für allemal zu erledigen, einfach entgeht. «Sie haben sich alle geirrt», stellen sie lapidar fest und meinen damit alle, die von der Identität Kaspar Hausers als badischer Thronfolger überzeugt sind. Sie bemerken aber nicht, daß durch diese Feststellung die beobachteten Vorgänge und die belegten Tatsachen als solche nicht verändert werden.

Dazu aus der Fülle des Materials nur drei sprechende Beispiele.

Eine große Rolle spielt die Ähnlichkeit Kaspar Hausers mit seinem Vater Karl von Baden. Wichtigste Zeugin dafür ist Stephanie de Beauharnais, die bei einem Besuch im Ansbacher Hofgarten aus ihrem Versteck Kaspar Hauser beobachtete und spontan zu der sie im wahrsten Sinne des Wortes umwerfenden Aussage kam, daß dies ihr Sohn sei. Gesichtszüge wie der Bewegungsablauf ließen sie in Kaspar Hauser ihren Mann erkennen. Edmund Bapst hat aus französischer Sicht das Verhältnis von Mutter und Sohn gründlich erforscht und überzeugend dargestellt.[7] Demgegenüber kann nicht gelten, daß Stephanie in der Öffentlichkeit und vor allem Reportern gegenüber ihre Kenntnis der Identität Kaspar Hausers bestritt, weil dies durch ihre abhängige Stellung und aus politischen Gründen geboten war. Aber auch die Schwestern Josephine und Marie waren von der Identität ihres Bruders überzeugt. Marie von Hamilton hat dies gegenüber Tucher ausdrücklich bekannt, in ihrem Zimmer hing ein Bild von Kaspar Hauser. Mit diesen Familienangehörigen waren viele zeitgenössische Kenner der Familie von der Identität überzeugt. Dieses Bemerken der Familienähnlichkeit kann auch heute auf Grund vorhandener Gemälde ohne weiteres nachvollzogen werden. Wenn das nun alles ein Irrtum sein sollte: Wie kann man sich einen so ungeheuren Irrtum verschiedener Personen erklären?

Als zweites sei an die akribischen Forschungen von Fritz Klee erinnert, der sich u. a. die Aufgabe gestellt hatte, die Geschichte des Austauschkindes zu erforschen. Er konnte auf Grund vorhandener Eintragungen nachweisen, daß das am 26. September 1812 geborene Austauschkind Johannes Ernst Jakob Blochmann als bayerischer Soldat unter dem Namen Kaspar Ernst Blochmann am 27. November 1833 in München verstorben war.[8] Nun konnte Klee belegen, daß es in der bayerischen Armee einen solchen Soldaten Blochmann gar nicht gegeben hat. Mit Hilfe fingierter Eintragungen sollte das perfekte Verbrechen begangen werden. Denn es ist klar: Verstarb das Austauschkind 1833 in München – dann konnte es eben das Austauschkind nicht sein, das am 16. Oktober 1812 für Kaspar Hauser starb und begraben wurde. Die Forschungen von Klee haben das von langer Hand vorbereitete und gut geplante Verbrechen an Kaspar Hauser in seiner Perfidie aufgezeigt. Es versteht sich von selbst, daß damit Einblick genommen wurde in Manipulationen, die jedem Geheimdienst zur Ehre gereichen. «Als gegen Ende des Jahres 1833 der Plan zur Ermordung Hausers vorbereitet wurde, war man wohl darauf bedacht, alle vorhandenen Spuren zu verwischen.»[9] Hier wird der finstere Hintergrund des sich über 21 Jahre hinziehenden Staatsverbrechens sichtbar. Mit diesem finsteren Hintergrund ist nun der verbunden, der von der Geburt bis zum Tode der schicksalhafte Begleiter Kaspar Hausers sein sollte: Johann Heinrich David von Hennenhofer. Im Auftrage des badischen Hofes war er 1812 der Kurier, der die Nachricht von der Geburt des Erbprinzen zu Napoleon nach Ostpreußen zu bringen hatte. Als Kaspar Hauser 1828 in Nürnberg erschien, war er aufgestiegen zum «Direktor der diplomatischen Sektion im Ministerium der Auswärtigen Angelegenheiten» (eine euphemistische Umschreibung der mehr oder weniger geheimdienstlichen Tätigkeit Hennenhofers). Dieser hatte einen anerkannt schlechten Ruf, er war dem Volk verhaßt, weil er offenbar der Mann fürs Grobe, Schmutzige war. Er wurde schon zu Lebzeiten offen als Mörder Kaspar Hausers bezeichnet, eine Verdächtigung, gegen die sich Hennenhofer nicht ernsthaft zur Wehr setzte.

Inzwischen ist dieser Verdacht durch einen seriösen Zeugen zur Gewißheit geworden. Friedrich Wencker-Wildberg hat in seinem Buch «Rätsel der Weltgeschichte» (1944) erstmals den Bericht des Studenten Karl Freiherr von Varnbüler weiteren Kreisen bekannt gemacht, in dem dieser berichtet, daß ihm während einer Postkutschenrast am Tattage, 14. Dezember 1833, am Rand des Straßengrabens sitzend ein über die Rezat-Wiesen fliehender Mann in die Arme lief, in dem er Hennenhofer erkannte, dem er am badischen Hof in Karlsruhe vorgestellt worden war.[10] Als dieser Varnbüler bemerkte, wandte er sich schnell ab und änderte seine Fluchtrichtung. Erst im Jahre 1890 ist der Bericht Varnbülers von Fürst Eulenburg in seinem Tagebuch aufgezeichnet worden. Varnbüler, später Ministerpräsident von Württemberg, behielt sein Wissen karrierebewußt zunächst für sich. Daß Hennenhofer die Tat nicht eingestehen konnte noch wollte, versteht sich von selbst, hätte das doch eine Staatsaffäre für Baden ausgelöst und ihn aufs Schafott gebracht. So schrieb er denn in einem Brief: «Ich lag krank in Mahlberg, als Hauser die Wunde bekam.»[11] Antonius van der Linde aber behauptet in seiner Schrift, daß sich Hennenhofer «am Abend der Ermordung Hausers mit mehreren Personen in der ‹Post zur Sonne› in Lahr befand und dort die Nacht bis drei Uhr morgens zugebracht hat.»[12] Für diese Angabe wurden sogar Zeugen namhaft gemacht. In Wirklichkeit belegt dieser plumpe Versuch der Entlastung der Badenser für jeden Unbefangenen nur das Gegenteil.

Diese und zahlreiche andere Tatsachen werden in ihrer Substanz durch eine andere Identität Kaspar Hausers nicht berührt. Die beobachtete Familienähnlichkeit stellt allerdings ein besonderes Rätsel dar. Das Verhalten und das Vorgehen aller Beteiligten – der Badenser wie der Bayern – geht von der Prämisse aus, daß Kaspar Hauser der badische Thronfolger war. Für den bayerischen König Ludwig I. wurde dies soeben durch einen Vortrag von Reinhard Heydenreuter (Universität Eichstätt) auf Grund neu entdeckter Quellen nochmals bestätigt.[13] Wird eine andere Identität ernstgenommen, so erweist sich diese Prämisse als Irrtum. Damit wird aber das Jahrhundert-rätsel nicht – wie der *Spiegel* meint – gelöst, sondern nur in ein anderes, gewiß nicht minder großes verwandelt. Die entscheidende neue Forschungsfrage muß dann lauten: Wie konnte ein solcher unglaublicher Irrtum entstehen? Es wäre der grandioseste Irrtum, dem je eine Geheimpolizei aufgesessen ist. Wie konnte insbesondere Hennenhofer aus seiner intimen Kenntnis aller Umstände zu einem Identitätsirrtum kommen? Auf diese Fragen gibt es aus der Kenntnis des vorliegenden Materials zunächst keine Antworten.

Vor allem bleibt auch die Frage offen, warum die Badenser, wenn denn Kaspar Hauser wirklich nicht ihr Thronfolger gewesen ist, dies in über 160 Jahren nicht beweisen konnten. Vielmehr war Prinz Max von Baden, der letzte Kanzler der deutschen Monarchie und der letzte Zähringer der Hochbergschen Linie mit Thronanspruch, der Auffassung, daß Kaspar Hauser der badische Thronfolger war. Diese Auffassung wurde übrigens von der Mehrzahl der deutschen Adligen geteilt.

Zum Schluß ihres Artikels zeigen die *Spiegel*-Autoren nicht nur, daß sie nicht in der Lage sind, die notwendigen Schlußfolgerungen aus dem von ihnen propagierten wissenschaftlichen Ergebnis zu ziehen, sondern vor allem, daß sie die Absicht verfolgen, Kaspar Hauser ein für allemal zu diskreditieren. Mit der Abstammungsfrage hat das überhaupt nichts mehr zu tun, ein Symptom für sich. Zu diesem ihrem Zweck bemühen sie eine scheinbare Autorität: den Karlsruher Neurologen Günter Hesse. Dieser versucht seit Jahren in allen möglichen Artikeln darzulegen, daß Kaspar Hauser nichts anderes als ein kranker Mensch gewesen sei.[14] Hesses Methode ist einfach: Alle Phänomene, die nicht einer absolut materialistischen und agnostischen Sicht entsprechen, werden eliminiert. Da kommt unverhohlen die Tendenz zum Vorschein, alles über das Normalmaß Hinausgehende als krankhaft zu disqualifizieren. So werden die durch viele Tatsachen belegte Einkerkerung und die Leiden Kaspar Hausers mit dem einfachen Hinweis abgetan: «Totaler Quatsch.»[15] Da hört jede vernünftige Diskussion auf. So werden Kaspar Hauser auch epileptische Anfälle angedichtet. Da nun auch die Abstammung offen zu sein scheint, versteigt sich Hesse – und der *Spiegel* greift es offenbar bereitwillig auf – für Kaspar Hauser zu dem Ausdruck «depperter Bankert». Die schamlose doppelte Diskriminierung – das wollen sich wohl die Autoren absichtlich nicht bewußt machen – wird dem Leser untergeschoben, zusammenhanglos von fern gestützt durch eine blendende wissenschaftliche autoritative Aussage. Um schlicht die Wahrheit auszusprechen: Kaspar Hauser war nicht «deppert», das heißt behindert, was ihn diskriminieren soll, er hatte vielmehr eine ungeheure Gesundheitskraft in sich, die ihn befähigte, die ihm zugefügten Schäden weitgehend auszugleichen. Wer seine Eltern gewesen sein mögen, wissen wir im Augenblick nicht, wenn die Aussagen der Genforscher als Tatsache genommen werden. Dies berechtigt aber in keiner Weise dazu, ihn als «Bankert», das heißt als uneheliches Kind einer Magd zu bezeichnen. Auch dies ist eine üble Diskriminierung, die der sonst in diesen Dingen so empfindliche *Spiegel* geflissentlich übersieht. Es sei aber auch klar gesagt: Wenn es sich tatsächlich herausstellen sollte, daß Kaspar Hauser ein uneheliches Kind war, so würde dadurch sein Wert für die Menschheit in keiner Weise beeinträchtigt werden.

2. Das Buddha-Opfer auf dem Mars (1604) Die Geburt des mitteleuropäischen Impulses

Zu Beginn des 17. Jahrhunderts, genauer gesagt im Jahr 1604, ereignet sich eine kosmische Wendung, die für die weitere Entwicklung der Erde und der Menschheit von entscheidender Bedeutung ist. Rudolf Steiner ist es zu verdanken, daß er aus seiner Geistesforschung die okkulten Tatsachen dargestellt hat, um die es bei dieser Wende geht.[16]

Wenn auch diese okkulten Tatsachen nur von einem Geistesforscher als solche gefunden und dargestellt werden können – gerade diese Wende ist ein hervorragendes Beispiel dafür, daß die okkulten Tatsachen in der physisch zu beobachtenden Geschichte ihre Bestätigung finden, oder umgekehrt: daß die geschichtlichen Erscheinungen in einem wesentlich vertieften Sinne verstanden werden können. Zunächst zur Signatur des Jahres 1604. Kepler beobachtet eine Super-Nova als eine gewaltige Himmelserscheinung, was zwar nicht direkt mit dem Mars zusammenhängt, aber von ihm als Zeichen einer Himmelsneuheit verstanden wird. In der Mitte Europas schreibt der junge Johann Valentin Andreae die «Chymische Hochzeit Christiani Rosenkreutz Anno 1459» nieder, die zwölf Jahre später im Druck erscheinen wird. Aus Polen kommend, erobert ein junger Mann, Demetrius, der sich als

Zarensohn versteht, in einem einzigartigen Siegeszug Rußland und wird nach wenigen Monaten in Moskau zum Zaren gekrönt. Im Westen spiegelt sich der Vorgang in subtiler Weise im Werk Shakespeares, vor allem in dem später veröffentlichten Drama «Perikles» (die Autorschaft Shakespeares wird gelegentlich angezweifelt).

Worin besteht nun die Veränderung innerhalb des Geistigen unseres planetarischen Systems? Die okkulten Vorgänge, die Rudolf Steiner beschreibt, haben sowohl für das nachtodliche wie für das irdische Leben eine Bedeutung. Hier wird nur der Teil skizzenhaft dargestellt, der sich auf das irdische Leben bezieht. Seit dem Beginn der Bewußtseinsseelenentwicklung, die zugleich eine Entfaltung der Einzelpersönlichkeit bedeutet, war eine Situation eingetreten, die geeignet war, die Persönlichkeitsentfaltung durch einen unüberbrückbaren Gegensatz zu verunmöglichen. Dieser Gegensatz, der das Ich zu zerreißen drohte, bestand darin, daß sich der Mensch einerseits immer mehr der physischen Welt und ihren Aufgaben zuwandte und andererseits das Bestreben hatte, sich mit dem Ich der spirituellen Welt zu verbinden. Dieser Gegensatz entwickelte sich zu einem Entweder-Oder, ein Brückenschlag wurde immer unmöglicher.

In der früheren Epoche der Verstandes- oder Gemütsseele hatte in spirituell bestimmten Gemeinschaften dieser Gegensatz noch überbrückt werden können. So gab es bei den Benediktinern die grundlegende Regel: *ora et labora*, bete und arbeite, und bei den Templern war die *vita activa* mit der *vita contemplativa* wie selbstverständlich vereinigt.

Der nun mit der Neuzeit auftretenden unheilvollen Situation konnte nur durch eine fundamentale Veränderung begegnet werden. Derjenige, der die Situation erfaßte und wußte, wie sie gewendet werden konnte, war Christian Rosenkreutz. Er wußte, daß in der Erdentwicklung die Kräfte des Mars die Menschen immer stärker in die Inkarnationen hineingeführt haben und sie erdentüchtig werden ließen. Als Realsymbole können dafür stehen: Pflug und Schwert. Jetzt aber hatten diese Marskräfte ihre entwicklungsnotwendige Mission erfüllt und drohten unheilvoll zu werden. Daraus ergab es sich, daß nur durch eine Veränderung der Marskräfte selbst das Unheil abgewendet werden konnte. Christian Rosenkreutz erkannte, daß nur Buddha als geistige Wesenheit fähig war, diese Aufgabe zu erfüllen. Zu der Buddha-Wesenheit sei hier nur gesagt, daß sie seit ihrem Aufstieg zur Buddha-Würde, das heißt zur Befreiung von der Inkarnationsnotwendigkeit, die Menschheit helfend und fördernd begleitet. Sie hat sich auch mit dem Erscheinen der Christus-Wesenheit auf Erden und der dadurch bewirkten neuen Entwicklung verbunden. So war Buddha bereit, für die Ich-Entwicklung im Sinne des Christus-Impulses ein Opfer zu bringen, denn der Christus-Impuls kann in Zukunft nur im Ich Platz greifen, wenn dies nicht gespalten oder zerrissen wird.

Das Opfer des Buddha bestand darin, seinen Friedens- und Mitleid-Impuls durch ein Martyrium, das er zu erleiden hatte, den Marswesen einzupflanzen, die die Initiativkraft in Krieg und Streit erleben. Buddha als Merkurwesenheit – Rudolf Steiner hat einmal Buddha gleich Merkur gesetzt – ist den Marsintentionen diametral entgegengesetzt.[17] Welche Liebeskraft war nötig, um den Entschluß zum Opfer zu fassen? Welch ein Widerstreben war vorhanden, das Opfer aufzunehmen? Das Geschehen, das sich durch den liebegetragenen Entschluß zum Opfer auf dem Mars durch Buddha vollzieht, ist von Rudolf Steiner immer mit dem Mysterium von Golgatha verglichen worden.[18] In beiden Fällen wird den Wesen der Weltenkörper durch ein Opfer ein Entwicklungsimpuls gegeben, der zu einer Wende, zu einer Umkehr führen soll. In beiden Fällen stehen aber der Erneuerung der Grundfesten gewaltige Widerstände entgegen, der Liebe begegnet der Haß, und nur schrittweise, stufenweise, in unendlicher Geduld kann sich das Neue einleben, kann es ergriffen und zum inneren Eigentum gemacht werden. So wie der Christus-Impuls nach 2000 Jahren erst begonnen hat, die Menschheit zu ergreifen, so hat das Buddha-Opfer auf dem Mars in bald 400 Jahren erst den Anfang der Wandlung bewirkt. Ein gewaltiges Widerstreben der überlebten Kräfte, deren kosmische Stunde abgelaufen ist, macht sich geltend.

Das Buddha-Opfer auf dem Mars markiert, als zu einem bestimmten Zeitpunkt sich vollziehendes Ereignis, den für die Erdentwicklung wesentlichen Übergang von der Marshälfte zur Merkurhälfte.[19] Die Marskräfte haben die Menschheit immer tiefer in die Inkarnation hereingeführt, sie haben geholfen, das Ich durch die Verbindung mit den physischen Kräften zu vereinzeln; die Merkurimpulse bestehen darin, dem Ich in der zweiten Hälfte der Erdentwicklung durch die Überwindung der Materialität den Weg der Lösung von der physischen Erde, der Exkarnation, zu weisen. Das ist nicht im luziferischen Sinne mißzuverstehen, obwohl auch die Gefahr besteht, die Lösung vor der Überwindung zu erreichen; es ist gemeint als Evolutionsprozeß der Vergeistigung des Ich in der zweiten Hälfte der Erdentwicklung. Damit ist zunächst der kosmisch übergreifende Aspekt des Buddha-Opfers auf dem Mars angedeutet.

Auf der Erde, auf der geschichtlichen Ebene, erscheint die erste Auswirkung dieses Impulses in der Rosenkreuzer-Schrift, die den bezeichnenden Titel trägt: «Allgemeine und General-Reformation der gantzen weiten Welt, an alle Gelehrten und Häupter Europae» (1614).[20] Denn tatsächlich war und ist mit der Wende auf dem Mars für die Menschheit eine fundamentale Veränderung gegeben, etwas, das eben eine «General-Reformation» aller menschlichen, aller irdischen Verhältnisse bewirken will. Die kosmisch-planetarische Situation ist neu. Obwohl aber dies Neue bewirkt und getragen ist von den führenden Geistern der Menschheit im Verein mit dem Christus-Impuls, zeigt sich in der geschichtlichen Wirklichkeit, daß einerseits das Neue mit zu schwachen Kräften ergriffen wird, andererseits ein ungeheurer Widerstand, ein Beharren im Alten, vorhanden ist. So bleibt als geschichtliche Tatsache festzuhalten, daß der von den Rosenkreuzern in die Öffentlichkeit getragene Impuls der «General-Reformation der gantzen weiten Welt» in den Wirren des Dreißigjährigen Krieges in Deutschland untergeht. Damit war natürlich nicht die Tatsache und die Wirkung des Buddha-Opfers auf dem Mars in Frage gestellt, es wurden aber von da an die immensen Schwierigkeiten deutlich, die der Verwirklichung des neuen Geistes entgegenstehen. Wenn sich so auch der neue Geist im Offenbaren der Geschichte nicht durchsetzen konnte, so griff er im Verborgenen doch verwandelnd in die Welt ein.

Da sich das Buddha-Opfer auf dem Mars abspielte, wurde dadurch die Substanz des Metalles Eisen in subtiler

Weise verändert. Das Eisen verbindet jetzt zwei Intentionen in sich. Die eine ist in Fortsetzung der alten Qualität des Eisens zu sehen, sie wird vom ausgehenden 18. Jahrhundert an zu einer der Grundlagen der technisch-industriellen Entwicklung. Die Entfaltung der Persönlichkeitskräfte wird von dem Marsmetall getragen. Begleitet wird diese Entwicklung unvermerkt von der neuen Möglichkeit, das Persönlichkeitsbewußtsein durch ein wachsendes spirituelles Bewußtsein zu erweitern. Darin manifestiert sich der durch das Buddha-Opfer auf dem Mars bewirkte Umschwung am signifikantesten. Die oben beschriebene Spaltung in das irdische und das spirituelle Bewußtsein ist überwunden. Es ist nicht mehr nötig, zugunsten des irdischen Bewußtseins auf das spirituelle zu verzichten, und es muß sich der spirituelle Mensch nicht mehr vor dem Irdischen bewahren. Was hier gemeint ist, kommt radikal in der Tatsache zum Ausdruck, daß 1904 (300 Jahre nach dem Buddha-Opfer) Rudolf Steiner seine Schrift «Wie erlangt man Erkenntnisse der höheren Welten?» erscheinen läßt. Da wird ein Erkenntnisweg beschrieben, den jeder Mensch in jeder Lebenslage zu gehen vermag. Da stellt sich die spirituelle Entwicklung rückhaltlos in das moderne Leben hinein. Diese Schrift ist ein Markstein der neuen Geistesentwicklung.

In Zusammenhang mit den Jahreszeit-Imaginationen hat Rudolf Steiner 1923 für die Michaelzeit einen Spruch vermittelt, der von ihm im Astrallicht gelesen wurde, dessen Verständnis aber die neue, doppelte Bedeutung des Eisens klarmacht.

«O Mensch,
Du bildest es zu deinem Dienste,
Du offenbarst es seinem Stoffeswerte nach
In vielen deiner Werke.
Es wird dir Heil jedoch erst sein,
Wenn dir sich offenbart,
Seines Geistes Hochgewalt.»[21]

Diese Hochgewalt des Geistes des Eisens beruht auf der Verwandlung seiner Substanz, die durch die Veränderung seiner Wesensgrundlage auf dem Mars eingetreten ist. Wie durch das Mysterium von Golgatha eine Vergeistigung der Erdenstofflichkeit eingeleitet worden ist, so ist die Eisensubstanz durch das Buddha-Opfer auf den Weg ihrer Vergeistigung gebracht worden. Dieses entstofflichte, vergeistigte Eisen wird im spirituell strebenden Menschen zum Träger des spirituellen Bewußtseins, es führt den im Blut des Menschen wirkenden Eisenprozeß über sich selbst hinaus. Dieser vergeistigte Eisenprozeß ist das moderne Michael-Schwert, das Erwachen über das Tagwachen hinaus, das Erwachen der Seele zum Geist. Damit ist einer der drei spirituellen Ströme charakterisiert, der von dem Ereignis am Beginn des 17. Jahrhunderts ausgeht: die Möglichkeit des Bewußtseins der spirituellen Welten und ihrer Wesen, wobei das vom Ich aktivierte Denken zum Wahrnehmungsorgan wird.

Der zweite Strom kann in vielfältiger Weise charakterisiert werden, er tritt in unterschiedlicher Form zutage. Er hängt im Prinzip damit zusammen, daß an die Stelle der früheren Mars- nun die Merkurwirkung tritt. Dadurch ist ein Impuls gegeben, der danach trachtet, Macht, Gewalt,

Unterdrückung zu überwinden. Oder anders gesprochen: Was als Friedensimpulse auftritt, als Bewegung der Gewaltlosigkeit, als befreiende Gnade gegenüber dem Rechthaben, das hat seine Quelle in der Tat Buddhas, die hilft, den christlichen Impuls zu verwirklichen. Das Neue, Jugendliche dieser Strömung kann immer wieder in der spontanen Kraft erlebt werden, mit der sie auftritt, so zum Beispiel in Henri Dunant, Mahatma Gandhi, Martin Luther King, wobei auffällt, daß die Herzenskraft stärker ist als der Verstand. Die Gedankenformen bedürfen in gewisser Weise noch der Ausgestaltung, was nur die Nähe zum Willensursprung unterstreicht. Um das Phänomen nicht nur an weltbekannten Namen festzumachen, sei an den jungen deutschen Soldaten erinnert, der bei einer Partisanenerschießung in Jugoslawien plötzlich sein Gewehr wegwirft und sich zu den Partisanen stellt, um sich miterschießen zu lassen, wie eine ergreifende Bilderserie dokumentiert.

Gewiß kann dieser Strom auch als der politische bezeichnet werden, wenn man von vornherein berücksichtigt, daß er darauf gerichtet ist, die Politik im alten Sinne überflüssig zu machen, weil er nach Ausgleich und Vereinigung anstelle von Parteiung und Konfrontation strebt. Geistesgeschichtlich vorgebildet ist diese Strömung in der Bewegung Manis, und es sagt in diesem Zusammenhang alles, daß Mani in der Geschichte meist als Erzketzer dargestellt wird, sein wahres Bild ist bis zur Unkenntlichkeit entstellt. Das Politische dieses Stromes liegt vor allem in dem Impuls, zu einer fundamentalen Umgestaltung aller sozialen und gesellschaftlichen Verhältnisse kommen zu wollen. Der erste Impuls, in dem seine Ursprünglichkeit lebt, war jener der «Allgemeinen und General-Reformation der gantzen weiten Welt». Der zweite war in Anknüpfung an diesen ersten – natürlich in gewandelter, dem 20. Jahrhundert entsprechender Weise – die von Rudolf Steiner initiierte Bewegung der sozialen Dreigliederung. Er selbst hat auf diesen Zusammenhang ausdrücklich aufmerksam gemacht, wobei er hinzufügte, daß die Konsequenzen unabsehbar wären, wenn dieser zweite Versuch wiederum fehlschlüge.[22] Dennoch – oder gerade deswegen – lebt dieser Impuls, wenn auch in den Hintergrund gedrängt, als Zukunftssorge der Menschheit.

Ein dritter Strom, der von dem Ereignis auf dem Mars ausgeht, kann als ein merkurialer in dem Sinne bezeichnet werden, daß eine Mitte durch Vereinigung geschaffen wird oder daß aus einer Mitte heraus geheilt, versöhnt wird. In einem echten Sinne ist der Kulturimpuls Mitteleuropas ein therapeutischer, weil er die kränkende Einseitigkeit der rein materiellen Zivilisation nicht durch irgendein äußeres Mittel, sondern dadurch heilen will, daß er das Eingreifen des Geistes vermittelt.

In einer besonderen Form lebt dieser Kulturimpuls in der anthroposophischen Heilpädagogik, die einerseits das Leben des behinderten Menschen spirituell sinnvoll zu gestalten sucht, andererseits aber weltweit, wenigstens bis zu einem gewissen Grade, das Ansehen der behinderten Menschen in der Öffentlichkeit spürbar verändert hat. Trotz aller unbestreitbaren Probleme auf diesem Gebiet ist dennoch untergründig zu beobachten, daß sich eine positive Veränderung vollzieht.

Das schönste Beispiel für die Mitte schaffende Kraft der Vereinigung von Gegensätzen wird wohl immer die Freundschaft zwischen Goethe und Schiller bleiben. Man muß sich nur klarmachen, daß es keineswegs selbstverständlich ist, daß diese für die Zukunft so unendlich impulsierende Freundschaft zustande kam. Goethe findet das Zusammenwirken zwischen dem Sinnlichen und dem Übersinnlichen in der Urpflanze, Schillers Ästhetik erfaßt den Künstler als den, der im Verschmelzen des Geistigen mit dem Stofflichen eine neue, befreiende Wirklichkeit schafft. Indem beide so zunächst für sich eine neue Mitte geschaffen hatten, konnte der Brückenschlag zwischen ihnen erfolgen, der nicht nur eine kulturschaffende Quelle erschlossen hat, sondern zugleich auch beispielhaft den Weg beschreibt, wie eine solche Quelle gefunden werden kann. Das Neue dieses Ideals von Freundschaft liegt darin, daß sie sich nicht aus der Sympathie und auch nicht aus dem Schicksal ergibt, sondern der neue Impuls der Vereinigung bringt tatsächlich etwas Neues hervor, es wird der Anfang einer neuen Schicksalsreihe gemacht. Ein Vorbild für einzelne Menschen wie für Gruppen wurde damit in der Wirklichkeit vorgelebt.

Die Opfertat des Buddha auf dem Mars ist die kosmische Geburtsstunde des mitteleuropäischen Impulses, der in der skizzierten Dreiheit zu erfassen ist: als spirituelles Bewußtsein, als sozialer Umgestaltungsimpuls, als Streben nach geistiger Vereinigung. Selbstverständlich hat dieser Impuls Vorläufer und Vorbereiter, es sei an Künstler wie Walter von der Vogelweide und Wolfram von Eschenbach erinnert, vor allem ist aber die sorgfältige, über Jahrhunderte gehende spirituelle Vorbereitung durch die Einweihungen des Christian Rosenkreutz zu beachten.[23] Dieser zunächst kosmische Impuls verbindet sich in der irdisch-geschichtlichen Wirklichkeit mit Mitteleuropa, insbesondere mit dem deutschen Geistes- und Kulturleben, wobei konkret zu denken ist, daß die Seelen und Geister im Vorgeburtlichen wie im Nachtodlichen innerhalb der geistigen Welt diesem Impuls begegnen und sich individuell mit ihm verbinden, wodurch jene begeisternde Vielfalt entsteht, die ein Zeichen des deutschen Kulturlebens ist. Wie Christus geschichtlich nur in Palästina erscheinen konnte, so konnte dieser kosmische Impuls sich zunächst nur mit dem deutschen Geistesleben als Kern des mitteleuropäischen verbinden. Aber beiden Vorgängen ist gemeinsam, daß sie auf das Allgemein-Menschliche, auf das Kosmopolitische gerichtet sind. Zur Substanz dieses Impulses gehört es, daß er sich nicht auf das Blut bezieht, sondern daß er von dem Blutzusammenhang löst. Es entsteht eine neue spirituelle Gemeinschaft derer, die von sich aus, aus Freiheit so sein wollen. Der Mensch wird zum Weltbürger, weil er zum Bürger zweier Welten werden kann. Dieses Ideal lebt in vielfältiger Weise in den Trägern des deutschen Kulturlebens.

Wer von der Substanz dieses Impulses wahrhaft ergriffen war, der unterschied daher immer zwischen dem, was von der Volksseele, von dem Volksgeist als geistigen Wesenheiten ausgeht, und dem, was mit der äußeren Machtentfaltung, dem Reich zusammenhing. Goethe hat das in zwei Xenien ausgesprochen:

«*Das deutsche Reich*
Deutschland? Aber wo liegt es? Ich weiß das Land [nicht zu finden;
Wo das gelehrte beginnt, hört das politische auf.»

In Beziehung auf das Streben nach der Einigung der Deutschen, nach der Bildung eines einheitlichen Staates, was

Goethe hier mit «Nation» bezeichnet, weist er auf den deutschen Nationalcharakter hin.

> «Zur Nation euch zu bilden, ihr hofft es, Deutsche, [vergebens;
> Bildet, ihr könnt es, dafür freier zu Menschen euch aus.»

Die darin liegende Warnung ist überhört, die Aufgabe kaum ergriffen worden. Schiller hat deutlich zwischen der deutschen Nation (Volk) und dem deutschen Reich unterschieden.

> «Deutsches Reich und deutsche Nation sind zweierlei Dinge. Abgesondert von dem Politischen hat der Deutsche sich einen eigenen Wert gegründet, und wenn auch das Imperium unterginge, so bliebe die deutsche Würde unangefochten. Sie ist eine sittliche Größe, sie wohnt in der Kultur und im Charakter der Nation, der von ihren politischen Schicksalen unabhängig ist.»

Das von Schiller hier verwendete Wort «Nation» muß, um Mißverständnisse zu vermeiden, als «Volk» verstanden werden, was sich auch im Kontext ergibt. Nietzsche hat aus seinem Miterleben der Reichsgründung 1871 diesen Unterschied als scharfen Gegensatz erlebt, die Reichsgründung war für ihn die «Exstirpation des deutschen Geistes zugunsten des Deutschen Reiches». Reinhard Buchwald hat Schillers Schau der Menschlichkeitsentwicklung so zusammengefaßt:

«In der Welt muß zuletzt die Herrschaft der Gewalt von der Herrschaft des Geistes abgelöst werden. Wenn also der Deutsche sich entschlösse, dem Geiste zu dienen; wenn es wahr wäre, daß hier seine eigentliche Berufung liegt; wenn es wahr ist, wie Schiller es ausdrückt: ‹daß er von dem Weltgeist erwählt ist, während des Zweikampfs an dem ewigen Bau der Menschbildung zu arbeiten› – so darf Schiller auch den Schluß wagen: ‹Jedes Volk hat seinen Tag in der Geschichte, doch der Tag des Deutschen ist die Ernte der ganzen Zeit. Nicht im Augenblick zu glänzen und eine Rolle zu spielen, sondern den großen Prozeß der Zeit zu gewinnen …›»[24]

Schiller hat auch an der Wende vom 18. zum 19. Jahrhundert deutlich die Gefahr erkannt, die für die Deutschen gegeben ist, wenn sie ihre Aufgabe nicht in dem spirituell vorgezeichneten Sinn ergreifen können. In dem Fragment gebliebenen Gedicht «Deutsche Größe» heißt es:

«Das ist nicht des Deutschen Größe
Obzusiegen mit dem Schwert
In das Geisterreich zu dringen
Vorurteile zu besiegen
Männlich mit dem Wahn zu kriegen,
Das ist seines Eifers Wert.

Höhern Sieg hat der errungen,
Der der Wahrheit Blitz geschwungen,
Der die Geister selbst befreit.
Freiheit der Vernunft erfechten
Heißt für alle Völker rechten,
Gilt für alle ewge Zeit.»

Die Tragödie des deutschen Volkes hat sich daraus ergeben, daß solche Worte, die als Gewissensermahnungen des guten Geistes des deutschen Volkes verstanden werden können, praktisch wie ungehört verhallt sind. Leicht ließe es sich durch zahlreiche Beispiele zeigen, wie die Träger des deutschen Kulturlebens in diesem Geiste gelebt haben, man denke an Lessing, Fichte, Novalis, Hölderlin und viele andere. Allerdings ist nicht zu übersehen, daß der neue Geistesimpuls, der in die Kulturträger einfloß, von diesen nicht immer mit starkem Bewußtsein ergriffen wurde, oder anders ausgedrückt, daß das Bewußtsein für die Wirklichkeit des Geistes, für seine Wesenhaftigkeit noch nicht genügend erwacht war. Das Neue war da, aber wie mit einem Schleier von Ahnungen überzogen. Andererseits kann auch nicht verschwiegen werden, daß das Publikum im großen Stile die Kulturträger im Stich gelassen und die inneren Impulse entweder nicht verstanden oder verraten hat. So muß man wohl erkennen, daß die gewandelten Marsimpulse erst durch die Anthroposophie, wenn sie durch das bewußte Erkennen der geistigen Wirklichkeiten den Willen ergreift, ihre umgestaltende Kraft entwickeln können.

Auf all dies wird hier aufmerksam gemacht, um die mitteleuropäisch-deutsche Strömung des spirituellen Lebens zu charakterisieren, in die Kaspar Hauser hineingeboren wurde. Sein Wesen, sein Schicksal und sein Leben zeigen deutlich, was er aus seiner Verbindung mit dieser Strömung in individueller, lebendiger Weise zum weiteren Schicksalsgang beigetragen hat.

Zum Schluß sei noch ein Einwand behandelt, der sich freilich bei rechter Betrachtung gerade als Bestätigung dessen erweist, was hier über das Buddha-Opfer auf dem Mars 1604 vorgebracht worden ist. Jeder Betrachter der Geschichte sieht, daß seit der Zeit des Dreißigjährigen Krieges die Kriege nicht weniger geworden sind. Ja, das

20. Jahrhundert hat es auf diesem Gebiet zu Erscheinungen gebracht, die alles bisher Dagewesene bei weitem in den Schatten stellen. Macht und Militär spielen im politischen Denken immer noch eine entscheidende Rolle, der Willenspol ist aus der Angst um die sogenannte Sicherheit vollständig von diesen Kräften besetzt, eine Änderung ist nicht in Sicht. Dieses furchtbare Phänomen wird verständlich, wenn man erkennt, daß sich Macht, Militär und Krieg heute auf die überholten, dekadenten Kräfte des Mars stützen, die das Buddha-Opfer nicht – oder noch nicht – aufgenommen haben. So wie der Christus-Impuls auf der Erde bei weitem noch nicht von allen Menschen aufgegriffen worden ist, so hat auch das Buddha-Opfer den Mars noch nicht durchdrungen. Die widerstrebenden Kräfte aber wachsen durch ihre Dekadenz mit jedem Tag, wenn ihnen von menschlicher Seite Nahrung geboten wird. Die Kriege sind Ausdruck der Situation, daß sich die Menschheit überwiegend nicht den aufstrebenden, sondern den absteigenden Marskräften hingegeben hat. Die innerste Hohlheit des Militärwesens liegt in der Beziehung zu den dekadenten Marskräften, die der abgelebten Schwertkraft freilich gerade aus dieser Hohlheit eine ungeheure, ins Gigantische gehende Vernichtungskraft geben können. So deuten gerade die furchtbarsten Ereignisse unseres Jahrhunderts auf die Umwandlung der Marskräfte durch die Tat Buddhas hin.

3. Kaspar Hauser: Sein Wesen, seine Unschuld, seine Erscheinung

Die Überschrift dieses Kapitels orientiert sich absichtlich an dem Titel des letzten Werkes von Georg Friedrich Daumer: «Kaspar Hauser, sein Wesen, seine Unschuld, seine Erduldungen und sein Ursprung» (1873), weil Daumer der vom Schicksal berufene Begleiter und Zeuge des Kaspar-Hauser-Lebens war, der als Lehrer und Freund vom Auftreten des Findlings bis zu seiner Ermordung dessen Entwicklung verfolgte, der aber vor allem 40 weitere Jahre sich immer wieder mit Kaspar Hauser beschäftigte und dadurch die dem Wesensbild Kaspar Hausers am stärksten entsprechende umfassende Darstellung gegeben hat. Diese Darstellung wird wesenhaft ergänzt durch Zeugen wie Feuerbach und Fuhrmann, denen es aber nur vergönnt war, jeweils einen bestimmten Abschnitt miterlebt und erfaßt zu haben. Feuerbach hat durch seine bis heute weit verbreitete und immer wieder zu lesende Schrift: «Kaspar Hauser, Beispiel eines Verbrechens am Seelenleben des Menschen» (1832) Unendliches geleistet, um Kaspar Hausers Auftreten und erste Erscheinung bekannt zu machen. Er hat aus seiner beruflichen Stellung eindeutig das an Kaspar Hauser begangene Verbrechen erkannt und nach den Motiven und damit nach den Tätern geforscht. Er hat als erster die These von der badischen Abstammung Kaspar Hausers vertreten und in seinem berühmten, damals streng geheimen «Mémoire» (1832) an den bayerischen König Ludwig I. dargestellt, was ihn wohl bald das Leben kostete. Er verstarb plötzlich auf einem Ausflug am 29. Mai 1833.

Pfarrer Fuhrmann hatte in Ansbach die Aufgabe, Kaspar Hauser Religionsunterricht zu erteilen, ihn in der Schwanenritterkapelle der Gumbertuskirche zu konfirmieren, er stand Kaspar Hauser im Sterben bei und hielt die Trauerrede. Pfarrer Fuhrmann ist der berufene, leider kaum beachtete Zeuge für die Christlichkeit Kaspar Hausers. Durch seinen bald darauf erfolgten Tod (1834) ist es ihm erspart geblieben, die vor allem durch Lord Stanhope unmittelbar nach dem Tode Kaspar Hausers einsetzende unglaubliche Verleumdungskampagne miterleben zu müssen.

Im Sinne dieser drei – und gewiß noch anderer, hier nicht namentlich genannter – Zeugen soll hier skizzenhaft ein Wesensbild Kaspar Hausers gezeichnet werden, das die von der Abstammungsfrage ganz unabhängigen Wesenszüge bewußt hervorhebt, um deutlich zu machen, was das Wesen Kaspar Hausers ausmacht. Dabei ist es selbstverständlich, daß nicht bei den Darstellungen dieser drei Zeugen stehengeblieben wird, neue Forschungsergebnisse und vor allem die anthroposophische Menschenkunde und Weltsicht ergänzen und erweitern den Blick.

Was beim ersten Auftreten Kaspar Hausers die miterlebenden Menschen in höchstes Erstaunen versetzte, war der Eindruck der Reinheit und Unschuld, der mit dem zu vermutenden Alter kontrastierte. Diese Reinheit und diese Unschuld waren die des Kindes im ersten Lebensjahr, das noch nicht Gehen, Sprechen, Denken gelernt hat. Daß sie in einem jungen Mann unmittelbar lebten, ohne daß der auch nur zu ahnen schien, was da in ihm lebte, das war ungewöhnlich, rätselhaft. Die naheliegende Erklärung war und ist, daß dies mit der Behandlung zusammenhängen müsse, der man Kaspar Hauser unterworfen hatte. Diese Behandlung hatte seine Entwicklung künstlich zurückgehalten, gestaut. Durch diese Stauung waren die kindlichen Kräfte, die zur Inkarnation des Ich in Gehen, Sprechen, Denken, in die Leibesbildung untertauchen, mehr oder weniger frei geblieben, das heißt noch nicht so tief und intensiv mit dem Leibe verbunden. Diese Kräfte konnten sich daher in einer einzigartigen Weise in dem 15jährigen Knaben offenbaren. Aber es muß gefragt werden: Würde sich eine solche Offenbarung bei jedem x-beliebigen Menschen einstellen? Diese Frage muß deswegen verneint werden, weil es völlig berechtigt ist, zu sagen, daß ein Mensch eine derartige Behandlung, wie sie Kaspar Hauser zu erdulden hatte, nicht lebendig überstehen kann. Dieser allgemeine Einwand gegen die Annahme einer jahrelangen Einkerkerung, wie sie Kaspar Hauser später beschreiben konnte, ist durchaus ernst zu nehmen. Das Allgemeine schließt aber das Individuelle nicht aus. Das bedeutet hier, daß die menschenkundliche Erklärung zwar richtig, aber einseitig ist. Ohne die Individualität Kaspar Hausers selbst wäre alles anders verlaufen. Reinheit und Unschuld sind nicht nur allgemein Ausdruck der Kindheitskräfte, sie sind hier zugleich auch Wesensoffenbarung. Das hat Jakob Wassermann einmal – die Menschen als Publikum im Auge – in die Worte gefaßt: «Wie sie alle vollkommen stumpf und vollkommen hilflos dem Phänomen der Unschuld gegenüberstehen, wie sie nicht zu fassen vermögen, daß etwas dergleichen auf Erden wandelt.»[25] Alle Schwierigkeiten, das zu erfassen, was im Wesen Kaspar Hausers lebt, hat Wassermann dahingehend zusammengefaßt, daß die Menschen es nie «selbst gewahren, das einzige, einmalige, herrliche Bild der Gottheit». Darin ist nicht eine unberechtigte Apotheose zu sehen, sondern das Erfassen eines Wesensinhaltes, den anzuerkennen, zu schätzen und zu würdigen freilich einer Menschheit schwerfällt, die weitgehend das Göttliche vergessen oder verleugnet hat. Insofern stellt das Auftreten Kaspar Hausers an jeden Menschen tiefste Fragen, die als unangenehm oder herausfordernd empfunden werden und ohne weiteres den Widerstand erklären, der – sonst beinahe unbegreiflich – sich immer wieder gegen Kaspar Hauser regt.

Was hier angesprochen wird, haben diejenigen, die Kaspar Hauser zuerst unmittelbar begegneten und Herz und Sinn dafür hatten, unabhängig voneinander und jeder auf seine Weise wahrgenommen und ausgedrückt, wobei die Vielfalt doch einen Zusammenklang ergibt. Hiltel, der Gefängniswärter, der Kaspar Hauser zunächst körperlich zu betreuen und zu versorgen hatte, sprach schlicht und ergreifend davon, daß er die Unschuld Kaspar Hausers bezeugen müßte, wenn Gott selbst das Gegenteil behauptete.[26] An der Geradheit dieses Herzensmenschen brechen sich im Grunde alle Vorwürfe von Lug und Trug. Daumer hat auf Grund seiner ersten Erfahrungen mit Kaspar Hauser diesen als «paradiesischen Urmenschen» bezeichnet. Tucher, Kaspar Hausers erster Vormund, faßte seine Eindrücke in dem Wort zusammen: «Der Mensch vor dem Sündenfall.» Feuerbach sprach davon, daß Kaspar Hauser «eine lebendige Widerlegung des Lehrsatzes von der Erbsünde» sei.[27] Von Feuerbach stammt auch der denkwürdige, unvergeßliche Satz: «In seiner Seele voll kindlicher Güte und Milde, die ihn unfähig machte, einem Wurm oder einer Fliege, geschweige einem Menschen wehe zu tun, die sich in jeder Beziehung so fleckenlos und rein erwies, wie der Abglanz des Ewigen in der Seele eines Engels, brachte er (...) keine Idee, keine Ahnung von Gott, nicht einen Schatten eines Glaubens an irgend ein höheres, unsichtbares Dasein aus seinem Kerker mit sich in die Welt des Lichts.»[28] Was Feuerbach so erstaunlich erschien, bestätigt bei rechter Betrachtung im Grunde nur den Zustand, in dem Kaspar Hauser sich bei seinem Auftauchen befand. Solange der Mensch im kindlichen Zustand noch mehr in der göttlich-geistigen Welt lebt, besteht weder die Notwendigkeit noch die Fähigkeit, sich im Bewußtsein als getrennt von der übersinnlichen Welt zu bestimmen, was die Voraussetzung für jede Ahnung, für jeden Glauben ist. Nur in diesem Zustand lebt der Mensch das Göttliche rein dar, und nur dieser Zustand berechtigt dazu, von der unmittelbaren Offenbarung des Göttlichen zu sprechen. Daher ist es in der notwendigen Entwicklung des Menschen zur Selbständigkeit begründet, daß Kaspar Hauser nicht in diesem Zustand verbleiben konnte.

Davon abgesehen aber ist nach dem Grund zu fragen, weshalb es bei Kaspar Hauser zu einer solchen Erscheinung kommen konnte, denn wiederum kann nicht allgemein von einem durch die Stauung hervorgerufenen Auftreten der gewöhnlichen Kindesnatur gesprochen werden, sondern durchaus von einem spezialisierten, individualisierten. Wenn man an die Geisteswissenschaft die Frage richtet, wodurch eine solche Erscheinung begründet sein kann, so liegt die Antwort in dem Hinweis auf die spirituelle Tatsache, daß sich die Menschen durch die Anzahl ihrer Verkörperungen extrem voneinander unterscheiden. Es gibt Seelen, die auf eine Fülle von Inkarnationen zurückblicken können, die reiche Erdenerfahrungen ihr eigen nennen, und es gibt andere Seelen, die nur sehr wenige Inkarnationen durchgemacht haben, die bisher kaum aus der geistigen Welt herausgetreten sind. Das extremste Beispiel für die letztgenannte Art ist in der Geburt des nathanischen Jesus, der in der Jordan-Taufe zum Träger des Christus-Geistes wurde, zu sehen, denn dessen Seele wurde seit dem Beginn der Ich-Entwicklung der Menschen in der geistigen Welt zurückgehalten, um dann in jenem weltgeschichtlichen Augenblick dem Christus-Geist dienen zu können. Alle Erscheinungen, die beim Auftauchen Kaspar Hausers an diesem beobachtet wurden, deuten nun darauf hin, daß in seiner Individualität eine verwandte Wesenheit lebte. Dieser Gedanke macht den Komplex der Erscheinungen verständlich, indem er ihn mit der Individualität verbindet. Was in Kaspar Hauser auftrat, stammte von ihm selbst als seiner geistigen Wesenheit, es war nicht Ergebnis der Behandlung, deren man ihn unterzogen hatte; diese konnte nur freilegen, was in ihm lebte.

Damit ist die Frage nach den Hintergründen der Einkerkerung Kaspar Hausers aufgeworfen. Feuerbach vertrat die These, daß derjenige, der Kaspar Hauser gefangenhielt, ihn dadurch schützen wollte. Dieser zunächst naheliegende Gedanke erweist sich aber bei näherer Prüfung aus zwei Gründen als unhaltbar. Zum einen ist der Gedanke eines verbergenden Schutzes nicht mit der unmenschlichen Behandlung zu verbinden. Die Art der Behandlung hebt den Schutz auf. Zum anderen ist klar zu erkennen, daß Kaspar Hauser nicht nur irgendwie grausam behandelt wurde. Diejenigen, die diese Behandlung initiiert haben, wußten, daß Gehen, Sprechen und Denken für die Menschwerdung im Sinne der Inkarnation des Ich von entscheidender Entwicklungsnotwendigkeit sind. Sie haben die Menschenkunde auf den Kopf gestellt, sie haben die hilfreiche Einsicht in den Gang der physisch-geistigen Entwicklung in ihr Gegenteil verkehrt, sie haben ihre spirituelle Erkenntnis zu einem finsteren Anschlag mißbraucht. Wären Feuerbach diese menschenkundlichen Erkenntnisse schon bekannt gewesen, er hätte in der Verkehrung dieser Erkenntnisse sofort das Motiv der Tat erkannt. Denn es heißt sich gegenüber den Tatsachen blind machen, wenn man nicht anerkennen kann, daß das, was an Kaspar Hauser vollzogen wurde, in bösem Sinne ziel- und planvoll war. Damit ist der Gedanke des Experimentes erreicht, der von Graf Polzer-Hoditz erwähnt wird und von dem anzunehmen ist, daß er auf Rudolf Steiner zurückgeht.[29] Jedes Experiment verfolgt ein Ziel, will eine bestimmte Frage beantwortet haben. Das an Kaspar Hauser vollzogene Experiment sollte die Frage beantworten: Was wird aus dem Ich eines Menschen, wenn man im Kindesalter die Menschwerdung extrem hemmt? Man kann die Frage auch auf die Individualität Kaspar Hausers speziell beziehen, was freilich nur dann einen Sinn hat, wenn man annimmt, daß diejenigen, die das Experiment durchführten, erkennen konnten, wer diese Individualität ist, wann und wo sie in der Geburt erscheinen würde und wie man sich ihrer bemächtigen konnte. Nimmt man das als gegeben an, dann lautet die Frage: Wie kann diese bestimmte Individualität so behandelt werden, daß die in ihr liegenden Fähigkeiten nicht zur Geltung kommen und daß dieser Mensch infolge dieser Behandlung nicht stirbt, weil er sonst die Möglichkeit hätte, sich bald wieder zu inkarnieren?[30] Wenn man versucht, in den zutage tretenden Tatsachen die Antwort auf die Frage zu finden, so wird man auf das Mysterium des Bösen geführt, das – nach einem Wort Mephistos – ein Teil von jener Kraft ist, «die stets das Böse will und stets das Gute schafft» (Goethe, *Faust I*). Denn diejenigen, die Kaspar Hauser Pfingsten 1828 in die Welt entließen, nahmen wohl an, daß ihr Experiment zu dem gewünschten Ergebnis geführt hatte. Sie mußten aber das krasse Gegenteil erleben. Kaspar Hauser ging nicht in der Bedeutungslosigkeit unter, er wurde in kürzester Zeit zum Kind Europas. Die Fähigkeiten, die unterdrückt und ausgeschaltet werden sollten, traten dennoch hervor, ja es wurden Wesensschichten freigelegt, die bei einer normalen Entwicklung so nicht in Erscheinung getreten wären. Mit anderen Worten: Das Experiment mißlang, oder – noch krasser ausgedrückt – die Fähigkeiten wurden nicht zerstört, sondern gesteigert, was natürlich allein in der Individualität Kaspar Hausers begründet liegt. Dieser Gedanke des Mißerfolgs des Experimentes wird durch die Tatsache gestützt, daß bereits im Oktober 1829 im Hause Daumers ein Mordanschlag auf Kaspar Hauser verübt wurde, was doch wohl nur so zu werten ist, daß die Täter mit dem Verlauf der Angelegenheit nicht zufrieden waren. Dieser Gesichtspunkt spielt gewiß auch bei der späteren Ermordung eine Rolle. Die verbrecherischen Gewalttaten sind die Eingeständnisse der Niederlage.

In den überlieferten Hinweisen, die von einem Experiment an Kaspar Hauser sprechen, wird dieses Experiment mit den Jesuiten in Verbindung gebracht. Damit ist auf einen Hintergrund der spirituellen Auseinandersetzung hingewiesen, der später beleuchtet werden soll. Durch das mit ihnen in Verbindung stehende Experiment an Kaspar Hauser werden die Jesuiten allerdings als Feinde der Ichentwicklung charakterisiert.

Demgegenüber kann aber auch auf die helfende, befreiende Kraft hingewiesen werden, wie es schon einmal geschehen ist.[31] Oben ist schon von der Freundschaft zwischen Goethe und Schiller als Ausdruck des Wirkens des mitteleuropäischen Impulses die Rede gewesen. Von diesem epochalen Ereignis, das sich im Sommer 1794 zwischen den beiden abspielte und 1795 durch die Veröffentlichung des Goetheschen «Märchens» von der grünen Schlange und der schönen Lilie und Schillers Werk «Über die ästhetische Erziehung des Menschen in einer Reihe von Briefen» allgemein bekannt wurde, geht eine spirituelle Wirkung aus, die nach dem in der Geschichte waltenden Gesetz der 33 Jahre nach 33 Jahren offenbar wird.[32] Zwischen diesem epochalen Ereignis und dem Erscheinen Kaspar Hausers Pfingsten 1828 in Nürnberg, einem anderen epochalen Ereignis, wird hier eine gedankliche Verbindung hergestellt, wodurch eine Antwort auf die Frage gesucht wird, welche Kraft Kaspar Hauser aus seinem Kerker befreit hat. Nach dieser Kraft ist insofern unbedingt zu fragen, als die Menschheit allein dieser Befreiung die Kunde von Kaspar Hauser verdankt. Diese Kraft ist gedacht als eine gestaltende, eingreifende, die die in den Strom der Geschichte gesäten Impulse durch den Christus-Impuls zur Auferstehung bringt. Dadurch wird jeweils auch die Wahrheit der Impulse ans Licht gebracht, was an diesem schönen Beispiel durchaus empfunden werden kann. Damit ist natürlich nicht gemeint, daß diejenigen, die Kaspar Hauser aus seinem Kerker entließen und nach Nürnberg schafften, in ihrem Bewußtsein etwas von den wirkenden Kräften wußten. Das ist unvorstellbar. Welche Motive im Bewußtsein der Täter eine Rolle spielten, ist schwer nachzuvollziehen. Sie meinten wohl, Kaspar Hauser werde als Stallbursche in dem Reiterregiment Wessenigs sozusagen verschwinden, was sich freilich als fundamentaler Irrtum erwies. Nicht zu übersehen ist, daß die Täter vom Verlauf der Angelegenheit völlig überrascht wurden, sie können unmöglich beabsichtigt haben, daß Kaspar Hauser nach zwei, drei Monaten zum Kind Europas würde. Darin kann man eine Art von Beweis dafür sehen, daß die Täter einem Impuls folgten, den sie in ihrem Bewußtsein nicht überschauten. Wiederum kann das Mysterium des Bösen gespürt werden, das gerade das hervorbringt, was es vernichten will. Jedenfalls ist das Erscheinen Kaspar Hausers mit der siegenden Kraft des Geistes verbunden und ein erhellender Blick kann auf die Quelle dieser Kraft fallen.

Zurückkommend auf die Wesenserscheinung von Reinheit und Unschuld, die Kaspar Hauser bei seinem Auftreten bot, ergibt sich ein Bild, das sich selbst beglaubigt. Diesen Zusammenhang hat Feuerbach unübertrefflich dargestellt, damit zugleich allen in Wahrheit den Boden entziehend, die an Kaspar Hauser zu zweifeln versuchen:

«Auch über die Geschichte der Tat haben wir vor der Hand keine andere Kunde als die Erzählung desjenigen, an dem sie begangen worden; aber die Wahrheit der Erzählung ist uns verbürgt durch die Persönlichkeit des Erzählenden, an dessen Leib, Geist und Gemüt – wie wir noch umständlicher erfahren werden – die Tat selbst in sichtbaren Zügen deutlich geschrieben steht. Nur wer das erfahren und gelitten, was Kaspar, kann wie Kaspar sein; und wer so sich zeigt wie Kaspar, muß in dem Zustande gelebt haben, wie ihn Kaspar von sich erzählt hat. So ruht zugleich die Würdigung der Glaubwürdigkeit des eine fast unglaubliche Begebenheit Erzählenden ebenfalls zum allergrößten Teil nur auf psychologischem Grunde. Es gewähren aber die auf diesem Boden gefundenen Ergebnisse eine Beglaubigung, die jeden andern Beweis an Stärke überwiegt. Zeugen können lügen, Urkunden verfälscht sein; aber kein anderer Mensch, er müßte denn mindestens ein mit etwas Allmacht und Allwissenheit ausgerüsteter Zauberer sein, vermöchte eine Lüge dieser Art so zu lügen, daß sie, wo man sie auch beleuchtete, wie die lauterste, reinste Wahrheit, wie die in Person erscheinende Wahrheit selbst aussähe. Wer an Kaspars Erzählung zweifelte, müßte an Kaspars Person zweifeln.»[33]

Noch bevor irgendein Gedanke über die Herkunft des Nürnberger Findelkindes laut wurde, trat als Reaktion, als Echo auf die berühmte «Bekanntmachung» des Bürgermeisters Binder vom Juli 1828, die im zweiten Monat nach seinem Erscheinen Kaspar Hauser in Deutschland und bald in ganz Europa bekannt machte, sein Beiname auf: das Kind Europas. Dieses genial tiefgründige Wort, dessen Urheber nicht eindeutig zu ermitteln ist, spricht in dem Kind die Erneuerungskräfte an, deren Europa bedurfte. Dem alt gewordenen Europa wurde ein Kind geschenkt, von dem viel zu erwarten war, so wie in jedem Kind aus dem Übersinnlichen in das Sinnliche eingreifend ein Impuls sich kundtut. Zugleich ist es aber eben nicht das Kind eines oder zweier Völker (was bei der badischen Abstimmung gegeben wäre), sondern dies Kind hing mit dem Werden und dem Schicksal aller europäischen Völker zusammen. Auf diesen Gesichtspunkt wird an späterer Stelle ein bezeichnendes Licht fallen.

Wie dieses Kind Europas erlebte, wodurch es sich auszeichnete, soll in dieser Skizze an einigen Beispielen gezeigt werden. Ein herausragendes Ereignis ist das erste Anschauen des Sternenhimmels, das Daumer so beschreibt:

«Im August 1828 sah er in meinem Hause zum erstenmal den gestirnten Himmel. Sein Erstaunen, sein Entzücken läßt sich nicht beschreiben. Er konnte sich nicht satt daran sehen, kehrte immer zum Anschauen dieses Glanzes zurück und bemerkte die Sterngruppen und die ausgezeichnet hellen Sterne mit ihren verschiedenen Farben. Das sei das Schönste, sagte er, was er jemals gesehen, und fragte, wer die vielen schönen Lichter da hinaufsetze, anzünde und wieder auslösche. Als man ihm sagte, daß sie wie Sonne und Mond immerfort leuchteten, aber nicht immer gesehen werden, fragte er, wer sie zuerst da hinaufgesetzt, so daß sie immerfort brennten. Endlich versank er in tiefes Nachdenken, in dem er, wie gewöhnlich in solchem Falle, unbeweglich und mit gesenktem Kopfe dastand, nicht mehr sehend und hörend. Als er wieder zu sich kam, hatte sich seine Freude in die tiefste Schwermut verwandelt. Er ließ sich zitternd auf einen Stuhl nieder und fragte, warum ihn jener böse Mann immer eingesperrt gehalten und nichts von all diesen Schönheiten gezeigt habe, da er doch nichts Böses getan. Er brach in ein langes schwer zu stillendes Weinen aus. Man sollte den Mann, äußerte er unter anderem, auch einmal zwei Tage lang einsperren, damit er wisse, wie hart das sei; wobei zu bemerken, daß er früher von einer Bestrafung des Mannes durchaus nichts hatte wissen wollen. Nur der Schlummer vermochte ihn endlich zu beruhigen. Er schlief erst gegen 11 Uhr ein, etwas bei ihm noch nie Vorgekommenes.»[34]

Ein einzigartiges menschenkundliches Zeugnis des frühkindlichen Wahrnehmungs- und Bewußtseinszustandes verdankt die Menschheit der aufmerksamen Beobachtungsgabe Feuerbachs. Bei einem seiner ersten Besuche hatte er Kaspar Hauser aufgefordert, aus dem Fenster auf die «im Schmuck des Sommers prangende Landschaft» zu schauen, was dieser auch tat, sich aber sogleich «mit sichtbarem Abscheu» abwandte und ausrief: «Garstig! Garstig!», auf die weiße Wand seines Zimmers deutend aber sagte: «Da nicht garstig!» Eine Erklärung für dieses merkwürdige Verhalten konnte Feuerbach zunächst nicht finden, er glaubte aber zu bemerken, daß Kaspar Hauser nicht Augenschmerz wegen der Helligkeit, «sondern vielmehr Abscheu und Grauen» empfand. Die Aufklärung konnte erst erfolgen, als Kaspar Hauser 1831 einige Wochen bei Feuerbach wohnte und ihn dieser an die damalige Situation erinnerte. «Was sei ihm denn da vorgekommen? – (...)»

«Ja freilich, antwortete er mir, war das sehr garstig, was ich damals sah. Wenn ich nach dem Fenster blickte, sah es mir immer so aus, als wenn ein Laden ganz nahe vor meinen Augen aufgerichtet sei, und auf diesem Laden habe ein Tüncher seine verschiedenen Pinsel mit weiß, blau, grün, gelb, rot, alles bunt durcheinander, ausgespritzt. Einzelne Dinge darauf, wie ich jetzt die Dinge sehe, konnte ich nicht erkennen und unterscheiden. Das war dann gar abscheulich anzusehen; dabei war es mir ängstlich zu Mut, weil ich glaubte, man habe mir das Fenster mit dem buntscheckigen Laden verschlossen, damit ich nicht ins Freie sehen könne. Daß das, was ich so gesehen, Felder, Berge, Häuser gewesen, daß manches Ding, das mir damals größer vorkam als ein anderes, viel kleiner sei als dieses, manches große viel kleiner, als wie ich es sah, davon habe ich mich erst später auf meinen Spaziergängen ins Freie überzeugt; endlich habe ich dann nichts mehr von dem Laden gesehen.»[35]

Dies seltene Beispiel für das reine Wahrnehmen, das das Wahrgenommene noch nicht mit irgendeinem durch das Denken gewonnenen Gedanken verbindet und das die feste Verbindung des bewußten Ich mit dem Sehakt zum perspektivischen Sehen noch nicht kennt, ist nochmals ein Zeugnis für den durch die Einkerkerung verursachten Entwicklungsstau, denn hier wird ein frühkindlicher Zustand, der sich gewöhnlich im Unbewußten oder Träumerischen vollzieht, mit einem gewissen Bewußtsein erlebt. In dem Augenblick aber, in dem ein wacheres Bewußtsein die reine Wahrnehmung aufnimmt, stellt sich im Seelischen «Abscheu und Grauen» ein, weil das Wachbewußtsein unerbittlich danach verlangt, daß das Wahrgenommene wenigstens bis zu einem gewissen Grade mit einem durch das Denken gefundenen Begriff verbunden wird. Die sonst auftretende Ängstigung ist für das gewöhnliche Bewußtsein nur kurzzeitig zu ertragen, der Mensch erschreckt sich so lange, bis er wenigstens einen hinreichenden Begriff zu dem Wahrgenommenen gefunden hat. In Kaspar Hauser trat der Entwicklungsschritt hervor, in dem das Kind das Erlebnis der Einheit der Welt schon verloren hat und nun in die Vielfalt der Wahrnehmungen der Sinnesqualitäten hinaustritt, aber die Denkfäden durch das Ich noch nicht ergriffen hat.

Allein diese Tatsache von gewissen Erfahrungen der reinen Wahrnehmung muß als Beweis der Unschuld sowie der Einkerkerung gelten, denn kein Mensch kann sich das, was überhaupt kaum bekannt ist, ausdenken und obendrein noch perfekt spielen. Nur das geradezu böswillige Bestreiten von Beobachtungen konnte Kaspar Hauser zu einem Lügner und Betrüger machen wollen.

Welche weitreichenden Impulse in den Seelentiefen Kaspar Hausers schlummerten, kann ahnungsweise erfahren werden, wenn man von dem von ihm intuitiv verstandenen Bild des Baumes der Menschheit und der Natur, des Lebens, hört. Es ist, als ob sich der Paradiesesbaum des einheitlichen Lebens wieder vor ihm aufrichtete.

«So war es einmal im Winter 1830 auf 1831, wo er einen großen Drang nach Erkenntnis verspürte. Da sei ihm, erzählte er, auf einmal alles klar geworden, und zwar durch ein Bild, das sich ihm darstellte und dessen Bedeutung er zugleich vollkommen verstand. Es sei ihm gewesen, ‹als sei Alles Eins, die Menschheit mit der Natur zusammen›, doch so, ‹daß eigentlich erst die Menschheit das Ganze ausmachte›. Das Bild, das er gesehen, sei eine Art von Baum gewesen, dessen Äste sich bewegt und allerlei Figuren gebildet hätten, die ihm nicht mehr klar seien; denn er sei in seiner Betrachtung gestört worden.»[36]

Was sich in Kaspar Hauser als Reinheit und Unschuld aus seinem Wesen unmittelbar offenbarte, das setzt sich, indem diese entwicklungsgemäß zurücktreten müssen, fort in der intensivsten Mitleidsfähigkeit, die sich als ein sein Wesen erfüllender Charakterzug erweist. Ein Beispiel für viele ist, was Daumer berichtet:

«Ich mußte ihm einst erlauben, einem Vogel, der gebraten werden sollte, die Freiheit zu geben, um nicht sein Gemüt gegen mich zu empören. Man kann keine Vorstellung von der rührenden Kindlichkeit haben, mit der er für ihn bat, und von dem Entzücken, mit dem er den Vogel davonfliegen sah. Er erzählte mir einst mit einem Ausdruck unendlicher Wehmut, Herr +++ habe heute einen Hasen und zwei Vögel auf der Jagd geschossen, die er noch bluten gesehen. Wie es möglich sei, daß die Menschen kein Erbarmen mit diesen Tieren hätten, die doch niemand etwas zuleide täten? Als man ihm sagte, man töte diese Tiere, um sich von ihrem Fleische zu nähren, erwiderte er, man könne ja etwas anderes essen, zum Beispiel Brot, wie er.»[37]

Daß sich diese Haltung nicht nur auf die Kreatur beschränkte, belegt eine weitere Äußerung, die einen tiefen Einblick in Kaspar Hausers Art und Weise, zu erleben, gewährt:

«Eine seiner köstlichsten Äußerungen, die er im Oktober 1828 tat, ist folgende: Er denke auch deshalb ungern an seine Einsperrung zurück, weil er sich die Angst vorstelle, in der der Unbekannte, der ihn gefangen hielt, gelebt haben müsse. Dieser habe wahrscheinlich immer auf seinen Tod gehofft, der nicht erfolgt sei, und so glaube er, daß der Unbekannte, bis er sich seiner entledigt habe, in der qualvollsten Unruhe gelebt habe, was ihm wehe tue, wenn er sich's vorstellte.»[38]

Das psychologisch Überraschende liegt darin, daß das Opfer hier mehr die Angst und die Unruhe des Täters erlebnis- und vorstellungsmäßig realisiert als die Tatsache, daß er selbst das Opfer ist, das – objektiv gesehen – weit größere Leiden zu erdulden hatte. Den sich hier andeutenden Seelenvorgang kann man in seiner Tiefe erfassen, wenn man einen Wahrspruch Rudolf Steiners zu Hilfe nimmt. In diesem Spruch wird die Unfähigkeit, den Schmerz des Mitmenschen unmittelbar mitzuerleben, als Ausdruck der noch mangelnden Christus-Erkenntnis verstanden. Die Christus-Kraft wirkt, aber sie bleibt dem bewußten Seelenleben noch verborgen. Erst wenn der Geist so erstarkt, daß er unabhängig vom eigenen Leib zu erleben fähig wird, tritt mit dem konkreten Mitleiden die Christus-Wesenheit ins Bewußtsein. Diese Stärke außerhalb des eigenen Leibes, im Umkreis, die Schmerzen des anderen Wesens wie die eigenen zu fühlen, war Kaspar Hauser bis zu einem gewissen Grade eigen, wodurch seine Verbundenheit mit der Christus-Wesenheit zum Ausdruck kommt. Es ist unwichtig, ob das von ihm oder anderen so bezeichnet wurde, sondern auf die Wirklichkeit kommt es an, die in dem Spruch ins Wort gefaßt ist:

> «So lang' du den Schmerz erfühlest,
> Der mich meidet,
> Ist Christus unerkannt
> Im Weltenwesen wirkend.
> Denn schwach nur bleibt der Geist,
> Wenn er allein im eignen Leibe
> Des Leidesfühlens mächtig ist.»[39]

Kaspar Hauser lebte schon in der Wendung, die durch diesen Spruch bewirkt wird, der durch ein tiefgehendes Selbstgeständnis der egoistischen Schwäche zur Wandlung führen kann. Der Stärke seines Geistes gewahr zu werden, heißt nicht, Schwächen und Unzulänglichkeiten zu verschweigen. Durch diese wird aber keineswegs das Unwirkliche oder Unwahre des hier Dargestellten belegt. Durch Erziehung und Unterricht – Feuerbach bezeichnete diesen als «seine zweite Gefangenschaft»[40] – und insbesondere durch die erzwungene Umstellung der vegetarischen auf die Fleischkost – was sich Daumer selbst als größten Fehler anrechnete – wurde in ihm das angeregt, was ihn zu einem gewöhnlichen, sozusagen normalen Menschen machte. Mit der dem Kinde eigenen Nachahmungskraft spiegelte er außerdem das menschliche Umfeld, so zum Beispiel in einer beginnenden Lügenhaftigkeit, während es ihm vorher unmöglich war, auch nur im Geringsten von der Wahrheit zu weichen.

Vor allem aber haben auf ihn ab Mai 1831 die Verführungskünste des zwielichtigen Lord Stanhope eingewirkt, der durch sein pädagogisch unverantwortliches Vorgehen in Kaspar Hauser Eitelkeit und Lügenhaftigkeit geradezu förderte. Durch Lord Stanhope wurde Kaspar Hauser von dem Nürnberger Freundeskreis getrennt und zu dem Lehrer Meyer nach Ansbach gegeben, was zu einem seelischen Martyrium für ihn führte. Die ungeheuren, verführerischen Versprechungen Lord Stanhopes verwirrten Kaspar Hauser zwar eine Zeitlang etwas, da sie aber nicht erfüllt wurden, trat bei Kaspar Hauser eine deutliche Ernüchterung und Distanzierung ein. Es ist hier überflüssig, auf Lord Stanhope näher einzugehen, das ist an anderer Stelle ausführlich geschehen.[41] Nur ein kurzes Wort Daumers über die spätere Verfolgung Kaspar Hausers durch Lord Stanhope sei zur Charakteristik zitiert: «Ich gebe als meine Meinung nur soviel kund, daß es dem Grafen bei seinem

Handeln so ganz einfach um die Wahrheit nicht zu tun gewesen sei, daß er versteckte Motive gehabt haben müsse.»[42]

Der weitere Lebensgang Kaspar Hausers bestätigt in schönster Weise, daß die guten Seiten seines Wesens zwar zeitweilig zurückgedrängt werden konnten, daß sie aber sofort wieder hervortraten, als sie angesprochen wurden. Neben den Drangsalen, die Kaspar Hauser in Ansbach im Hause des Lehrers Meyer zu erleiden hatte, war es ein Schicksalsglück für ihn, dem tief im christlichen Glauben verwurzelten Pfarrer Fuhrmann zu begegnen, bei dem er zur Vorbereitung seiner Konfirmation 1832/33 Religionsunterricht hatte. Pfarrer Fuhrmanns Darstellungen der seelischen Entwicklung und der religiösen Überzeugung Kaspar Hausers sind leider kaum in die Gestaltung seines Wesensbildes einbezogen worden. Über den Unterricht selbst macht Pfarrer Fuhrmann einleitend die Bemerkung: «Die gute, gemütliche, unschuldsvolle und nach religiöser Überzeugung so begierige Seele Kaspar Hausers erleichterte mir vieles und machte mir die Unterrichtsstunden zu wahren Freudenstunden.»[43]

Hinsichtlich der Inhalte bestanden bei Pfarrer Fuhrmann anfangs Zweifel, wie sein Schüler die christlichen Lehren aufnehmen würde, da sich bis dahin gezeigt hatte, daß er allem Lehrhaften, Theoretischen gegenüber unzugänglich war. Pfarrer Fuhrmann erlebte aber eine große Überraschung, als er ihm die Passionsgeschichte darstellte:

«Gerade hier sprach Hauser das meiste, das erhabenste Gefühl aus, gerade hier zeigte er eine Rührung und einen Eifer, der jeden, der ihn so sah wie ich, zur Bewunderung hingerissen hätte. Seine Tränen flossen unzählig bei der

Erzählung der Geschichte Jesu Christi, sein Wort und seine Gebärde drückten die tiefste Ehrfurcht, die heiligste Bewunderung gegen den leidenden Erlöser aus.»[44]

Die Passion wird von Kaspar Hauser als augenblickliche, gegenwärtige Wirklichkeit erlebt, er ist nicht Zuhörer oder Zuschauer, er ist ein mitleidend Miterlebender, der bis ins Mark erschüttert wird. «Die ewige Beglaubigung der Menschheit sind doch Tränen!» (Schiller, *Don Carlos*)

Die tiefer im Wesen Kaspar Hausers liegende Strömung des Mitleidens tritt hier wieder klar hervor und wird durch die Aufnahme des christlichen Impulses in ihm wesentlich verstärkt.

Bei der Konfirmationsfeier, die fast genau fünf Jahre nach dem Erscheinen Kaspar Hausers stattfand, übertrug sich diese spirituelle Realität auf die anwesende zahlreiche Gemeinde. «Während dieses Gesanges – Schaffe in mir, Gott, ein reines Herz und gib mir einen neuen, gewissen Geist; verwirf mich nicht von deinem Angesicht und nimm deinen heiligen Geist nicht von mir –», berichtet Pfarrer Fuhrmann, «kniete Hauser auf einem Betschemel vor dem Altare. Der Augenblick aber, in welchem er sich niederließ, die Rührung, mit der er im Stillen obige Worte betete, brachten auf die ganze Versammlung eine außerordentliche Wirkung hervor.»[45] Pfarrer Fuhrmann kann hier als Beobachter eines subtilen Geschehens angesehen werden, das tatsächlich mit Kaspar Hauser verbunden ist.

Etwa sieben Monate später wurde Kaspar Hauser vom Schicksal die schwerste Prüfung auferlegt. Im Rückblick auf die Konfirmationsfeier konnte Pfarrer Fuhrmann davon sprechen, daß ihm durch diese die Überzeugung gewährt wurde, «daß das Evangelium von Christo (...)

tiefe Wurzel in seinem Herzen geschlagen habe».[46] Jetzt kam die Stunde, wo sich dies an der Todesschwelle bewähren mußte und auch tatsächlich bewährte. Man kann es als symptomatisch ansehen, daß die letzte bezeugte Handlung Kaspar Hausers vor dem Treffen mit seinem Mörder darin bestand, einer Bettlerin ein Almosen zu geben.[47] Am 14. Dezember 1833, einem naßkalten Sonnabend, wurde Kaspar Hauser im Hofgarten von Ansbach niedergestochen. Am Dienstag abend, 17. Dezember, neigte sich das Leben des vierfach tödlich Getroffenen dem Ende zu. Von seinen letzten Stunden sind eine Reihe wesentlicher Äußerungen überliefert.[48] «Das Ungeheuer war stärker als ich» ist das eine Wort, das seinen Eindruck vom Hintergrund des Geschehens wiedergibt. «Schwerer Kampf, den kann der Mensch nicht allein bestehen» ist – wenig später – das andere. «Ach, das sind dunkle Wege, die Wege Gottes», so lautet die Rätselfrage, er erlebt die Finsternis, aber auch diese ist ihm noch Ausdruck des göttlichen Willens.[49] Ein gütiges Schicksal läßt Pfarrer Fuhrmann an seinem Sterbebette stehen. Dieser rückt an der Todesschwelle das Kerngebet Christi in das Bewußtsein des Sterbenden: «Vater, nicht mein Wille geschehe, sondern der deinige.» Kaspar Hauser kann dies mit letzter Kraft, aber in vollem Bewußtsein mitsprechen, er kann auch noch die Fragen nach dem Wer: «Christus, unser Heiland», und nach dem Wann: «Vor seiner Kreuzigung», beantworten.[50] So, in bewußter und willentlicher Bejahung des Christus-Ereignisses, tritt Kaspar Hauser in die geistige Welt ein, die Prüfung ist zum Opfergang geworden, das Opfer des Kindes von Europa wird zu einem spirituellen Kraftquell, der weithin in die Zukunft wirkt.

In seiner Trauerrede bei der Beerdigung Kaspar Hausers am 20. Dezember 1833 kann Pfarrer Fuhrmann berichten: «Der Entschlummerte hat das Wort der Vergebung noch mit sterbender Lippe ausgesprochen.» Und er kann – gewiß im Sinne Kaspar Hausers – für den Mörder ein Gebet sprechen: «Mit christlichem Sinne bemitleiden wir die Hand, die seinem Erdenleben ein frühes Ziel gesteckt, mit versöhnlichem beten wir für den Unglücklichen, der eine vielleicht schöne glückliche Wendung seines Erdenschicksales frevelhaft zerstört hat, und halten fest an dem Glauben, daß die den Leib töten können, nicht auch über die Seele ihre finstere Macht auszudehnen vermögen.»[51]

Eine Bemerkung Kaspar Hausers hat Anlaß zu konträrer Interpretation gegeben. Auf die Frage von Pfarrer Fuhrmann, ob er noch irgend jemand zürne, antwortete er: «Warum sollte ich (...) Groll oder Zorn haben, da mir niemand etwas getan hat.»[52] Dies wird von Vertretern der Selbstmordtheorie als Geständnis des Suizids angesehen, trotz der zahlreichen dokumentierten Tatsachen, die dem widersprechen. Pfarrer Fuhrmann und insbesondere Daumer erkennen aber gerade in diesem Wort die Wesensart Kaspar Hausers. Fuhrmann deutet es als Ausdruck der Gutmütigkeit, des Denkens an seine Bekannten, schließlich situationsgemäß: «Seine Seele hatte sich bereits über das Zeitliche erhoben.»

Daumer geht in seiner Deutung viel weiter. Er weist mit Recht darauf hin, was Kaspar Hauser von den verschiedenen Personen seiner Umgebung angetan wurde. «Und da muß man wieder seine unendliche Güte bewundern, indem er alles verzieh, was ihm dieselben doch wirklich Böses zugefügt hatten und noch in seinen letzten Augenblicken zufügten.» Es war der Wille Kaspar Hausers, sich durch alle diese menschlichen Bosheiten nicht den Blick auf den höheren Menschen verstellen zu lassen, er wollte, über alles hinweg, seinen Glauben an die Menschen aufrechterhalten. Das hat Daumer klar erkannt und in die unvergeßlichen Worte gekleidet:

«Wahrlich, man hat diesem armen Menschen auch von seiten derer, mit denen er lebte und denen er untergeben war, entsetzlich viel Böses zugefügt; und dennoch sagte er in seiner reinen Güte: ‹Es hat mir niemand etwas getan.› Er starb mit einer Lüge – aber es war die Lüge eines Engels.»[53]

4. *Kaspar Hausers Opfergang als Bild des Christus-Schicksals*

Das Schicksal, das über Kaspar Hauser verhängt war, wurde von ihm gewandelt durch den in ihm lebenden Christus-Impuls, durch seinen bewußten Schwellengang, getragen von dem Christus-Wort: Nicht mein Wille geschehe, sondern der deinige! Durch die Bejahung des sich aus den Untergründen des geschichtlichen Werdens ergebenden Geschehens wurde das Verhängnis zum Opfergang, denn das Ergreifen einer Notwendigkeit ist eine freie und befreiende Tat, die höchste Freiheit liegt in dem Erfüllen der Notwendigkeit. Diese Paradoxie öffnet das Tor zu dem spirituellen Hintergrund, denn es ist klar, daß Kaspar Hauser lebens- und situationsgemäß die Notwendigkeit erlebte, sie aber noch nicht zu erkennen vermochte. Doch er leistete den ersten, wesentlichen Schritt, indem er dem Schicksal nicht widerstrebte. Dies aber ist im Blick auf sein ganzes kurzes Leben und auf die an ihm vollbrachten verbrecherischen Handlungen bereits ein gewaltiger Schritt. Durch den Opfergang Kaspar Hausers ist aber die Frage nicht beantwortet worden, für welche Notwendigkeit er sich opferte.

Jedes Opfer setzt voraus, daß eine Substanz da ist, die geopfert werden kann. Im Hinblick auf Kaspar Hauser kann das zu Opfernde nur in dem gesehen werden, was ihn befähigte, einen weltgeschichtlichen Auftrag im Sinne der geistigen Welt zu erfüllen. Das war in der Möglichkeitsform vorhanden, die Ausdruck ist der Wirklichkeit der geistigen Welt. Es war etwas anderes möglich, das Kaspar-Hauser-Schicksal war so nicht vorbestimmt. «Es hätte durchaus nicht so kommen müssen, wie es gekommen ist. – Aber was geschehen ist, das ist immer notwendig gewesen.»[54] Dieses Rätselwort Rudolf Steiners gegenüber Friedrich Rittelmeyer über den Ersten Weltkrieg weist gebieterisch darauf hin, nach der Notwendigkeit zu fragen, die die tatsächlichen geschichtlichen Vorgänge bewirkt hat.

Alle wirklichen Tragödien beruhen auf einer ehernen Notwendigkeit, mit der ein Hohes, Wertvolles geopfert werden muß, um ein noch Höheres, Wertvolleres zu retten, zu bewahren. Der tragische Konflikt besteht in der Ausweglosigkeit der Situation, die die unausweichliche Notwendigkeit hervorbringt, das eine zu opfern, um das andere zu retten. Die Tragödie ist um so erschütternder, je größer das Opfer ist, je eherner die Notwendigkeit erscheint. Der größte deutsche Tragiker, Friedrich Hebbel, hat das in den Satz gefaßt: «Daß es hat so kommen müssen.» Die Weltgeschichte ist nun im spirituellen Sinne an vielen Punkten nur vom Gesichtspunkt der Tragödie aus zu verstehen – und zu ertragen, denn der Tragödie wohnt als ein Schwellenvorgang die Tröstung des Geistes inne, weil der durch die eherne Notwendigkeit bewirkte Untergang jenseits der Schwelle zur Auferstehung führt. So scheint die Tragödie zunächst den Blick in die geistige Welt zu verhüllen, um am Ende, nach ihrem Abschluß den Vorhang vor dem Unsichtbaren zu zerreißen.

In diesem Sinne soll der Opfergang Kaspar Hausers als Tragödie in seiner Notwendigkeit betrachtet werden. Das Hinblicken auf die wirkende eherne Notwendigkeit relativiert alle Betrachtungen der Wirkungsmöglichkeiten Kaspar Hausers. Dennoch sind sie nicht leere, wesenlose Spekulation, sie haben eben nur eine gewisse, eingeschränkte Bedeutung, weswegen es müßig ist, sich um derlei Dinge zu streiten. Demgegenüber führt die Frage nach der waltenden Notwendigkeit dazu, sich tiefer in die sinnlich-übersinnliche Wirklichkeit einzuleben.

Worin bestand die tragische Notwendigkeit, daß sich das Kaspar-Hauser-Schicksal so vollzog, wie es sich tatsächlich vollzogen hat? In das Schicksal des Menschen spielen zwei verschiedene Tatsachenreihen hinein. Die eine besteht in dem, was sich aus den Inkarnationen für den individuellen Menschen ergibt. Diese war – wegen der wenigen Inkarnationen – für Kaspar Hauser vergleichsweise weniger ausgeprägt. Die andere Tatsachenreihe ergibt sich aus dem Umkreis, aus der von Menschen geschaffenen Zeitsituation, aus der Lage des Volkes oder der Völker, letztlich der Menschheit. Das Individuum bleibt immer dem Wesen der Menschheit verbunden. Je höher ein Mensch in seiner spirituellen Entwicklung steht, das heißt, je weiter er sich vom Persönlichen zum Überpersönlichen entwickelt, desto stärker wirkt sich das Umfeld für ihn aus. Paradigmatisch ist dieser Vorgang im Christus-Schicksal anzuschauen. Was Christus in der Passion angetan wurde, ergab sich nicht aus seinem Wesen, sondern war Folge des Zustands der Menschheit. Diese Notwendigkeit wurde von Christus wissentlich und willentlich in Freiheit ergriffen, um den Leidensweg der Menschheit zu wandeln, ihm mit der Auferstehung ein neues Ziel zu geben.

Die Menschheitssituation, in die Kaspar Hauser im 19. Jahrhundert hineingeboren wurde, war durch das bestimmt, was sich in der neuzeitlichen Entwicklung seit dem 16., 17. Jahrhundert ergeben hatte. Dabei ist durchaus zu berücksichtigen, daß die Impulse, die von dem Buddha-Opfer auf dem Mars ausgehen, stärksten Widerständen ausgesetzt waren, wie oben schon angeführt wurde. Die Entwicklung vom 16. bis zum 19. Jahrhundert hatte einen besonderen Charakter, den Rudolf Steiner in erschütternder Weise im Vortrag vom 2. Mai 1913 in London dargestellt hat.[55] Zum Verständnis ist zunächst der Hinweis notwendig, daß Christus in der Zeitenwende als Mensch auf Erden erschien, dann aber, «was seine äußere Form anbetrifft, sich mit der Hierarchie der Engel vereinigte und seit jener Zeit unsichtbar in der Erde gelebt hat».[56] In der Engelsphäre war Christus den Menschen unmittelbar nahe, ohne daß diese etwas davon wußten. Mit dem Zeitalter Gabriels trat nun in der Bewußtseinsseelenentwicklung eine bestimmte Notwendigkeit ein.

«Durch das, was seit dem 16. Jahrhundert notwendig geworden war für die Evolution der Erde, nämlich der Triumph der Wissenschaft, welche höher und höher steigt, trat in die ganze Evolution der Menschheit etwas ein, was auch für die unsichtbaren Welten von Bedeutung ist. Mit dem Triumph der Wissenschaft kamen in die Menschheit materialistische und agnostische Gefühle von größerer Intensität, als es bis dahin der Fall gewesen war. Auch früher gab es materialistische Tendenzen, aber es gab nicht diese Intensität des Materialismus, wie sie seit dem 16. Jahrhundert vorherrschend geworden war. Immer mehr und mehr nahmen die Menschen, wenn sie durch die Pforte des

Todes in die geistigen Welten eingingen, das Resultat ihrer materialistischen Ideen auf Erden mit sich, so daß nach dem 16. Jahrhundert immer mehr und mehr Samen von irdischem Materialismus hinübergetragen wurden. Diese Samen entwickelten sich in einer bestimmten Art und Weise.»[57]

Im folgenden stellt Rudolf Steiner ein wesentliches Ergebnis seiner Geistesforschung dar, in dem die ungeheuren Konsequenzen der materialistischen und agnostischen Entwicklung deutlich werden, in dem aber vor allem von einer neuen Tatsache des Christus-Mysteriums gesprochen wird, die das spirituelle Leben des 19. mit dem des 20. Jahrhunderts verbindet:

«Obwohl Christus in die alte hebräische Rasse kam und dort zu seinem Tode geführt wurde, erlitt dennoch das Engelwesen, welches seitdem die äußere Form des Christus ist, im Laufe des 19. Jahrhunderts ein Auslöschen des Bewußtseins als das Resultat der entgegengesetzten materialistischen Kräfte, die in die geistigen Welten heraufgekommen waren, als das Ergebnis der materialistischen Menschenseelen, die durch die Pforte des Todes gingen. Und das Eintreten von Bewußtlosigkeit in den geistigen Welten in der eben beschriebenen Weise wird die Auferstehung des Christus-Bewußtseins in den Seelen der Menschen auf Erden zwischen Geburt und Tod im 20. Jahrhundert werden. In gewissem Sinne kann man daher voraussagen, daß vom 20. Jahrhundert an das, was der Menschheit verlorengegangen ist an Bewußtsein, sicherlich wieder heraufsteigen wird für das hellseherische Schauen. Anfangs nur wenige, dann eine immer wachsende Anzahl von Wesen wird im 20. Jahrhundert fähig sein, die

Erscheinung des ätherischen Christus, das heißt Christus in der Gestalt eines Engels, wahrzunehmen. Um der Menschheit willen geschah das, was man eine Zerstörung von Bewußtsein nennen kann, in den Welten, die unmittelbar über unserer irdischen Welt liegen, und in welchen der Christus sichtbar gewesen ist in der Zeit zwischen dem Mysterium von Golgatha und dem heutigen Tage.»[58]

Die ganze Dramatik des Vorgangs innerhalb der geistigen Welt kommt in den Worten zum Ausdruck, daß während des 19. Jahrhunderts diejenigen, «die seit dem 16. Jahrhundert durch die Pforte des Todes gegangen sind, sich dem Christus entgegenstellten».[59]

Damit ist auf eine Tatsache hingewiesen, die im bewirkenden Hintergrund der Geschichte des 19. Jahrhunderts steht und die aus der geistigen Welt heraus einen gestaltenden Einfluß ausübt. Das ist die bestimmende Notwendigkeit, die als spirituelle Ursache für die Kaspar-Hauser-Tragödie angesehen werden kann. In der sich in dem Vortrag wiederholenden Darstellung Rudolf Steiners werden der Todesvorgang im 19. Jahrhundert und die Auferstehung im 20. Jahrhundert unmittelbar miteinander verbunden, wodurch die Ungeheuerlichkeit des Geschehens im 19. Jahrhundert gemildert erscheint; es bleibt aber doch festzuhalten, daß mehr oder weniger die Zeit des 19. Jahrhunderts davon erfüllt ist, also viele Lebensläufe dadurch beeinflußt sind. Weder die Leiden Christi noch die der Menschen dürfen als solche aufgehoben erscheinen.

Wegen der überragenden Bedeutung dieses okkulten Geschehens für Gegenwart und Zukunft seien die modifizierenden Formulierungen Rudolf Steiners hier wiedergegeben:

«So kann das Christus-Bewußtsein mit dem irdischen Bewußtsein der Menschheit vom 20. Jahrhundert an vereinigt werden, denn das Ersterben des Christus-Bewußtseins in der Engelsphäre im 19. Jahrhundert bedeutet das Auferstehen des unmittelbaren Christus-Bewußtseins in der Erdensphäre, das heißt, das Leben des Christus wird vom 20. Jahrhundert an immer mehr und mehr in den Seelen der Menschen gefühlt werden als ein direktes persönliches Erlebnis.»[60]

Im weiteren wird gesagt, daß «eine Art geistiger Tod, eine Aufhebung des Bewußtseins stattfand und hiermit eine Wiederholung des Mysteriums von Golgatha, damit ein Wiederaufleben des früher verborgenen Christus-Bewußtseins in den Seelen der Menschen auf Erden stattfinden kann».[61]

Die eindrücklichste, ergreifendste Darstellung ist mit den Worten gegeben: «Zweimal schon ist der Christus gekreuzigt worden: das eine Mal physisch in der physischen Welt im Anfang unseres Zeitalters und ein zweites Mal im 19. Jahrhundert spirituell in der beschriebenen Weise. Man könnte sagen, die Menschheit erlebte die Auferstehung seines Leibes in der damaligen Zeit; sie wird die Auferstehung seines Bewußtseins vom 20. Jahrhundert an erleben.»[62]

Das, was das Engelwesen in der unsichtbaren Welt als Kreuzigung, als Bewußtseinstod zu erleiden hatte, das erlitt als ein menschlich-irdischer Repräsentant das Kind Kaspar Hauser in seinem Kerker. Wie Christus in der geistigen Welt selbst angegriffen wurde, so wurden die im Kinde in besonderem Maße wirkenden Christus-Kräfte in Kaspar Hauser einem Martyrium unterworfen.[63]

Der eine Vorgang spielt sich jenseits der Schwelle in der geistigen Welt ab, der andere vollzieht dies im Diesseits der Schwelle im Opfer mit. Man kann unmittelbar Zugang gewinnen zu dem Wort Rudolf Steiners, «nächst Christian Rosenkreutz habe Kaspar Hauser die Leiden des Christus am stärksten nachempfunden».[64] So wird über die Schwelle hinweg eine Brücke gebaut. Erst durch die Zusammenschau dieser beiden Vorgänge wird das Gesamtgeschehen in einem spirituellen Sinne in seiner tragischen Notwendigkeit verständlich.

Kaspar Hauser ergreift diese tragische Notwendigkeit im Sinne des Novalis-Wortes: «Alles, was geschieht, will Ich!» Das Ich, das sich hineinstellt in den Strom des notwendigen Weltgeschehens, ist das Ich, das sich erfüllt mit der Wirklichkeit der geistigen Welt, wodurch der Brückenschlag bewirkt wird. Von diesem Gesichtspunkt aus wird der Opfergang Kaspar Hausers in dem Wort Rudolf Steiners verständlich: «Wenn Kaspar Hauser nicht gelebt hätte und gestorben wäre, wie er tat, so wäre der Kontakt zwischen der Erde und der geistigen Welt vollkommen unterbrochen.»[65] Dieser aufrechterhaltene Kontakt ermöglicht den Übergang und die Verwandlung des Geschehens vom 19. zum 20. Jahrhundert. Das läßt auch im tieferen Sinne erkennen, daß Kaspar Hauser als eine Gestalt des 19. Jahrhunderts für das 20. Jahrhundert eine bald größere Bedeutung hat als für das Jahrhundert, dem er angehört. Wenn man das Kaspar-Hauser-Schicksal im Zusammenhang mit dem Christus-Ereignis sieht, werden ohne weiteres der abgründige Haß und die sonst kaum begreifbare Verfolgung Kaspar Hausers, zum Beispiel durch Lord Stanhope, verständlich, vor allem aber wird deutlich, daß das Geschehen nicht abgeschlossen ist und insofern die Gemüter – mit Recht – immer wieder erregt und bewegt. Das ist der Ausdruck der Tatsache, daß der Kaspar-Hauser-Fall nicht irgendein geschichtliches Vorkommnis ist, sondern mit dem Christus-Impuls und seinem weiteren Werden untrennbar verbunden ist.

Es muß natürlich die Frage auftreten, wie die beschriebene höhere Notwendigkeit zu den vollziehenden Tätern steht. Dabei ist zunächst an das Christus-Wort gegenüber Pilatus zu erinnern, der auf die Frage: «Weißt du nicht, daß ich Vollmacht habe, dich zu befreien, und auch, dich ans Kreuz zu schlagen?» antwortet: «Du hättest keine Macht über mich, wäre sie dir nicht von einem Höheren gegeben» (Joh. 19). Das Experiment der Einkerkerung als ein Anschlag auf die unbewußt im Kind wirkenden Christus-Kräfte wird in der schon erwähnten Quelle den Jesuiten zur Last gelegt. Diese erscheinen dabei als ausgesprochene Christus-Feinde in dem Sinne, daß sie das freie, unmittelbare Wirken des Christus-Geistes außerhalb der Sphäre, die durch den Verstand zu erfassen ist, hemmen und hindern wollen. Sie wollen die Christus-Wirksamkeit auf die durch den Verstand gegebene Bewußtseinsebene beschränken, das heißt sie wollen nur ein diesseitiges Reich zulassen im Gegensatz zu dem Christus-Wort: «Mein Reich ist nicht von dieser Welt», was sich in der obigen Darstellung Rudolf Steiners bewahrheitet. Der von den Jesuiten an die Spitze gestellte König Jesus ist letzten Endes doch eine Gegengestalt zu Christus.[66] Vor allem geht es um die Frage, die mit dem Kaspar-Hauser-Schicksal eng verbunden ist, wie sich die Christus-Kräfte weiterentwickeln, wie die noch im Unbewußten waltenden Impulse ins menschliche Bewußtsein heraufsteigen, einziehen können. Dieses Bewußtwerden der Christus-Tatsachen in der Zukunft bedeutet zugleich ein Aufnehmen des Bewußtseins der geistigen Welten und ihrer Wesen, wodurch der Mensch ein Bürger beider Welten wird. Das aber ist ein Prozeß, der den Menschen in Freiheit versetzt, es ist ein Emanzipationsvorgang größten Stils, der denen im wahrsten Sinne des Wortes den Boden entzieht, die ihre Macht auf die finstere Materie gründen. Die Jesuiten sind in Beziehung auf das an Kaspar Hauser durchgeführte Experiment als die das Schicksal vollziehenden Täter anzusehen, was nichts mit der persönlichen Schuld zu tun hat, die jeder Beteiligte auf sich geladen hat. Das Wirken dieser Täter ist im gedankengebenden Hintergrund vorzustellen und verträgt sich vollkommen mit dem sich im Vordergrund abspielenden dynastischen Verbrechen, das aber – wie oben bereits dargestellt – mit der Einkerkerung direkt nichts zu tun hat. In bezug auf die Ermordung Kaspar Hausers geht es natürlich nicht um die im Kind unbewußt wirkenden Christus-Kräfte, sondern um das Erwachen des Ich in einem 21jährigen Menschen. Das Erwachen des Ich in Kaspar Hauser fürchteten die im Hintergrund stehenden Täter mit Recht. Dieser Vorgang ergänzt die im Vordergrund stehenden dynastischen und politischen Motive, die zur Ermordung Kaspar Hausers führten. Auch hier besteht für den unbefangenen Betrachter kein Widerspruch zwischen Vordergrund und Hintergrund.

Die schicksalgegebene, durch höhere Notwendigkeit bedingte Macht, die den Tätern gegeben war, erwächst aber nicht nur aus deren Absichten, sondern nicht zuletzt aus dem, was seit dem 16. Jahrhundert durch zahllose materialistisch gesinnte Seelen in die geistige Welt hineingetragen wurde. Dieser Gesichtspunkt Rudolf Steiners darf auf keinen Fall außer acht gelassen werden, weil sonst das große bedingende Umfeld vergessen wird. In diesem Umfeld ist der Nährboden zu sehen, der den direkt Tätigen Möglichkeit und Kraft verleiht, dem zu folgen, was in ihrem Bewußtsein auftritt. Das ganze Geschehen fordert schließlich auf beiden Seiten der Welt mit Notwendigkeit das Opfer der Unschuldigen. Was hier gemeint ist, hat auf seine Art und Weise Jakob Wassermann im Hinblick auf Kaspar Hauser ausgesprochen: «Der zuletzt den Stahl führt, ist nur ausübendes Organ; gemordet hat ihn jeder in seiner Weise: die Liebenden so gut wie die Hassenden, die Lehrenden wie die Verklärenden; die ganze Welt ist an ihm zum Mörder geworden.»[67]

In dem gemordeten Kind Europas leuchteten ahnungsvoll die Kräfte auf, deren die Menschheit für die Zukunft bedarf. Die Botschaft, die Kaspar Hauser aus seinem Kerker der Menschheit brachte, war die Kunde von jenen Kindheitskräften, die der Christus-Sphäre angehören und die zum individuellen Bewußtseinseigentum werden sollen. Das ist die eine moderne Form des «Werdens wie die Kinder», das Christus als notwendig für den bewußten Eintritt in die geistige Welt ansieht. In dem zitierten Vortrag sagt Rudolf Steiner, «der Vermittler, der Sendbote wird Michael sein, der jetzt der Abgesandte des Christus ist». Dieser bereitet «jetzt die Menschheit vor, damit sie fähig werde, das Hinlenken des Christus-Bewußtseins aus dem Zustand des Unbewußten in den Zustand des Bewußten zu erleben».[68] Mit diesem von Michael in die Zukunft getragenen Bewußtseins-Auferstehungsimpuls ist und bleibt der

Opfergang des Kindes von Europa verbunden. Die Forschung hatte ergeben, daß dieses Kind am Michaelstag 1812 in Karlsruhe geboren wurde. Das wird jetzt in Zweifel gezogen. Aber jenseits dieses Zweifels lebt Kaspar Hauser durch seinen Opfergang mit den Bewußtsein schaffenden Kräften des Zeitgeistes Michael.

5. *Die Tragödie des deutschen Volkes*

Georg Friedrich Daumer ist es zu verdanken, als erster deutlich auf die Beziehung zwischen der Entwicklung des deutschen Volkes und Kaspar Hauser aufmerksam gemacht zu haben. «Der nicht hoch genug zu schätzende Professor Daumer», wie Rudolf Steiner sagt, hat nicht nur viele Einzelheiten des Kaspar-Hauser-Lebens getreulich aufgezeichnet, er ist auch aus der Tiefe seiner Verbindung mit Kaspar Hauser von der Ahnung erfüllt gewesen, daß sich an Kaspar Hauser die Geister der Deutschen scheiden werden.[69] Unter Ahnung wird hier die prophetische Wahrnehmung von etwas verstanden, das geistig herankommt, was aber noch nicht erkenntnismäßig durchdrungen werden kann. Dazu wäre im vorliegenden Falle die anthroposophische Geisteswissenschaft nötig gewesen, die Daumer aber 1873 noch nicht zur Verfügung stehen konnte. Dadurch wird das, was Daumer ausgesprochen hat, nicht abgeschwächt, sondern in seiner Bedeutung verstärkt, weil eine intensive spirituelle Sensibilität und ein Leben in den tieferen Schichten der geschichtlichen Entwicklung dazu gehören, solche Ahnungen zu haben und aussprechen zu können. Als Bewußtseinsanstoß wirkte auf Daumer eine Bemerkung von Julius Meyer in seinem Werk «Authentische Mitteilungen über Caspar Hauser» (1872). «Dr.

Meyer macht am Schluß seines Werkes die Bemerkung: Schlosser in seiner Geschichte des 18. und 19. Jahrhunderts gedenkt der Geschichte Kaspar Hausers als einer Fabel, die *vom deutschen Volke geglaubt werde!* M. unterstreicht das Wort Fabel, die von uns unterstrichenen Worte natürlich nicht; aber diese sind für *uns* das Wertvolle.»[70] Das ist der Ausgangspunkt für Daumer. Der Trennungspunkt ist deutlich markiert. Meyer versteht den verwendeten Ausdruck «Fabel» als Legende, das heißt letztlich als Lüge. Daumer nimmt die Geschichte als solche ernst, der Glaube des deutschen Volkes daran ist nicht nur ein Für-wahr-Nehmen, sondern Glauben ist für Daumer die Grundlage aller Religion und Kultur, eine Forderung der Vernunft, mit deren Erfüllung oder Nichterfüllung die Menschheit steht oder fällt.[71] Mit anderen Worten: Der Glaube ist für Daumer die Beziehung des Menschen zu den spirituellen Welten als Wirklichkeit. Dadurch wird klar, was es für Daumer bedeutet, wenn das deutsche Volk an Kaspar Hauser glaubt, es ist als eine Beziehung zwischen Wesenheiten gedacht. Von diesem Gesichtspunkt aus wird das Gewicht der folgenden Worte deutlich: «Der Glaube an jene Geschichte ist ein dem deutschen Volke eigener und natürlicher; die Nation braucht sich desselben nicht zu schämen, er beruht auf ihrem Sinn und Gefühl für Wahrheit und Gerechtigkeit, und sie wird sich denselben auch schwerlich entreißen lassen.» Daumers Vertrauen in die Tragfähigkeit dieser Beziehung ist identisch mit seinem Glauben an die Sieghaftigkeit des Geistes. Wird diese Beziehung in Frage gestellt, so bedeutet dies eine fundamentale Erschütterung, es geht um die Existenz, um Sein oder Nichtsein. Daher kommt Daumer im folgenden zu einer heute leicht mißzuverstehenden Formulierung: «Wer es zu tun versucht, der steht nicht auf deutschem Grund und Boden.» Womit im Kontext eindeutig der geistige Boden, die spirituelle Wesenhaftigkeit gemeint ist. Auf diesem geistigen Grund und Boden des deutschen Volkes fühlt sich Daumer stehen, wenn er im weiteren schreibt: «Wohl aber stehen auf solchem wir, die Verteidiger, und können hoffen, die volkstümlichen Sympathien für uns zu haben.» Eine Hoffnung, die sich letztlich nicht erfüllt hat. «Wir vertreten hier nicht nur den Unglücklichen und uns selbst, die seinethalben Verfolgten, Geschmähten und Gekränkten, sondern auch unsere Nation und unseren Nationalcharakter.» Daumer fühlt sich als Anwalt Kaspar Hausers zugleich auch als Anwalt des deutschen Volkes, weil beide für ihn untrennbar voneinander sind. Daher muß für ihn der Verlust Kaspar Hausers zugleich auch ein Verlust dessen sein, was den Wert des deutschen Volkes ausmacht. Wenn Kaspar Hauser zum Lügner, Betrüger und Selbstmörder gemacht wird, dann ist durch diese Lügen zugleich auch der Kontakt zu dem wahren Wesen des deutschen Volkes zerstört. «Könnte ein Buch wie das Meyersche eine durchschlagende Wirkung tun; könnte sich das Volk zu der herz- und geistlosen Kritik bekehren lassen, welche aus dieser Geschichte eine Fabel macht und dabei mit so viel Härte, Lüge, Fälschung und Tücke verfährt, so wäre es nicht mehr wahrhaft deutsch.» Und Daumer fügt hinzu, was viele nach ihm bitter gefühlt haben, wenn sie erleben mußten, daß das wahr wurde, was er befürchtete: «Und wir unsererseits würden uns nicht mehr viel darauf zugute tun, Deutsche zu sein.» In dem Vorgang, den Daumer selbst erleben mußte, sieht er ein Beispiel, ein urbildliches Geschehen, das sich tausendfältig wiederholen kann und einschneidende Folgen zeitigen muß. Daumer hat die Elemente, aus denen sich die Katastrophe des Verlustes des wahren deutschen Geistes ergibt, genau bestimmt. Da ist die herz- und geistlose Kritik, die aus der Wahrheit eine Lüge macht, da sind «Härte, Lüge, Fälschung und Tücke» das Quartett, in dem Daumer mit Recht prophetisch das gesehen hat, was das deutsche Volk in den Ruin treibt. Kaspar Hauser ist im Sinne Daumers zum Wahrheitsprüfstein geworden, und der geschichtliche Verlauf hat diese Ansicht in furchtbarer Weise bestätigt. Denn tatsächlich ist Kaspar Hauser nicht zum Leitstern des deutschen Volkes geworden, es ist das Wirklichkeit geworden, was keine Wahrheit in sich trägt. Das deutsche Volk hat seinen eigenen Grund und Boden verlassen, weil nur ein sehr kleiner und zu kleiner Kreis der Wahrheit gegenüber Kaspar Hauser verpflichtet blieb. Bis heute ist die subtile Beziehung zwischen Kaspar Hauser und dem deutschen Volksgeist, auf deren Bedeutung Daumer mit so eindringlichen Worten hingewiesen hat, weder in genügendem Maß erkannt noch akzeptiert. Eine merkwürdige Scheu, ein eigentümlicher Widerstand sind zu beobachten, wenn es darum geht, diese Hinweise Daumers ernst zu nehmen. Warum ist es so schwer, mit Daumer in Kaspar Hauser den guten Geist des deutschen Volkes anwesend zu empfinden? Denn das ist doch Daumers Botschaft: Solange das deutsche Volk zu der Wahrheit Kaspar Hausers steht, solange ist dies Volk mit seinem eigenen Wahrheitsgrund verbunden. Das konnte Daumer aussprechen, weil in ihm eine Ahnung von den Tiefen der mit Kaspar Hauser verbundenen Ereignisse lebte, wie sie insbesondere im vorigen Kapitel dargestellt wurden. Aus diesen Gründen kann man sagen, daß besonders für die Zukunft das beachtet werden muß, worauf Daumer hingewiesen hat: Der gute Genius des deutschen Volkes lebte in dem Kind Europas, schon durch sein Kindeswesen und seine Beziehungen zu allen Völkern Europas jedem Nationalismus den Boden entziehend.

Das Entscheidende liegt aber in der Tatsache, daß die Gesamterscheinung Kaspar Hausers nur spirituell erfaßt werden kann. Entweder sie wird so erfaßt oder gar nicht. Wer die Spiritualität der Gestalt Kaspar Hausers findet, wird dadurch wie von selbst den Weg zu dem Geist des deutschen Volkes finden. Dieser Weg, den Daumer nur ahnen konnte, wird von Rudolf Steiner in bezug auf den Volksgeist so konkretisiert, daß er unmittelbar das fortsetzt, was im Ansatz gegeben ist: «Es ist die Mission des deutschen Volkes, daß es gar nicht anders kann als mit dem, was es erstrebt, zuletzt einzumünden in das spirituelle Leben. Das heißt aber nichts anderes, spirituell gesprochen, als daß das deutsche Volk dazu berufen ist, innerlich sich zu verbinden mit dem, was in die Welt kommt durch die Anführerschaft des Michael.»[72] Im Zusammenhang dieses Vortrags spricht Rudolf Steiner ausdrücklich von zwei Kräften, die zusammengehören: «Michael und der deutsche Volksgeist, die durchaus im Einklang sind, und denen es übertragen ist, den Christus-Impuls gerade in unserer Zeit zum Ausdruck zu bringen, wie es dem Charakter unseres Zeitalters entsprechend ist.»[73] Dieser Dreiklang von Volksgeist, Zeitgeist Michael und Christus-Impuls wird verbunden mit dem, was sich als Erwachen des individuellen spirituellen Bewußtseins dadurch ergibt, daß der Bewußtseinstod des Christus-Engels überwunden werden konnte. Wie im 19. Jahrhundert mit der Kreuzigung, so ist Kaspar Hauser im 20. Jahrhundert mit der Auferstehung verbunden. Diese Auferstehung des spirituellen Bewußtseins kann sich im einzelnen Menschen durch das Studium der Geisteswissenschaft vollziehen, wodurch die Kraft erworben wird, durch das wissende Darinnenstehen in der geistigen Welt der Verführung Ahrimans zu widerstehen. «Eines Tages springt aus dem Studium der Geisteswissenschaft das Erwachen der Seele hervor, durch das die Seele weiß: Es lebt in dir die geistige Welt, von dem Christus-Impuls herunter durch den Michael bis zum Volksgeist, der das auswirkt, was ausgewirkt werden soll.»[74] In solchen Worten kann die Metamorphose dessen gefühlt werden, was nicht zuletzt durch den Opfergang Kaspar Hausers errungen wurde.

Die Tragödie des deutschen Volkes hat sich daraus ergeben, daß das, was veranlagt und möglich war und ist, nur von einer allzu kleinen Schar ergriffen und willens- und bewußtseinsmäßig realisiert wurde. Da der Zugang zum Spirituellen nur in Freiheit gefunden werden kann, ist die vorliegende Situation auch Ausdruck der Freiheitsentwicklung. Zu allem kann der Mensch gezwungen werden, nur nicht zu dem wahrhaft Spirituellen. Eine Schwierigkeit ist allerdings nicht zu übersehen. So wie der deutsche Volksgeist auf der einen Seite als geistiges Wesen der Erzengelsphäre mit der menschlichen Wesenheit Kaspar Hausers verbunden ist, so ist er auf der anderen Seite mit dem michaelischen Zeitgeist und dem Christus-Impuls vereint. Mit anderen Worten: Es existieren reale spirituelle Bedingungen, die darin bestehen, daß der deutsche Volksgeist in der Geisteswissenschaft, in der Anthroposophie seine Erfüllung findet. Was dieser michaelische Geist erstrebt, ist das Allgemein-Menschliche, das Kosmopolitische, das, was den Menschen zum Bürger beider Welten macht. Damit steht dieser Volksgeist in einem polaren Verhältnis zu Nationalismus, Chauvinismus und Militarismus. Alles, was durch diese Kräfte bestimmt ist, hat nichts mit ihm zu tun. Der Sündenfall der deutschen Geschichte ist durch die Bewußtseinsschwäche gegenüber der Spiritualität und durch die Verleugnung der Wirklichkeit des Geistes eingetreten, wodurch schließlich die Abgrundkräfte wirksam wurden, die auf der geschichtlichen Ebene das Gegenbild des deutschen Volksgeistes erzeugt haben. Für viele ist es dadurch zu einer furchtbaren Verwechslung gekommen.

Indem die Spiritualität des deutschen Volksgeistes nicht in genügendem Maße gefunden werden konnte, fehlte notwendigerweise auch die Kraft, den ahrimanischen Verführungen zu widerstehen, weil diese durch das Erwachen des spirituellen Bewußtseins erworben wird. Davon sprechen in eindringlicher Weise die folgenden Worte Rudolf Steiners:

«Dem Zeitalter des Michael ziemt eben das Sonnenhafte, das, was wir in uns aufnehmen durch eine Spiritualisierung derjenigen Kräfte, die wir innehaben vom Aufwachen bis zum Einschlafen: der Kräfte unserer Vernunft, unseres Begreifens, unseres Verstehens. Denn diese unsere Kräfte des Begreifens und Verstehens, sie wandeln sich um in unserer Seele, wenn wir dazu nur Geduld genug haben. So wandeln sie sich um, daß aus dem, was sich uns entpuppt in der Geisteswissenschaft, die Gewißheit herausspringt: was wir da begreifen, das ist unmittelbar der Ausdruck der Gedanken der geistigen Welt. Also nicht um ein

Zurückziehen von der ahrimanisch durchsetzten äußeren Welt kann es sich heute handeln, sondern um ein notwendiges Darinnenstehen in dieser Welt, aber zugleich um ein Sichstarkmachen gegenüber diesen ahrimanischen Kräften.»[75]

Im Keim hat sich die Tragödie des deutschen Volkes in eigentümlicher Weise in Werk und Leben von Jakob Wassermann abgespielt, dessen weitverbreiteter Roman «Caspar Hauser oder die Trägheit des Herzens» (1908) die Gestalt Kaspar Hausers dem Publikum am stärksten nahegebracht hat. Kaum bekannt ist, was Jakob Wassermann an Intentionen mit diesem Werk verband, was er in seinem Buch «Mein Weg als Deutscher und Jude» (1921) ausgesprochen hat. Er spricht davon, daß ihm die Gestalt Kaspar Hausers von Kindheit an vertraut war, daß in seiner Umgebung Kaspar Hauser als ein «sehr geheimnisvoller Mensch» angesehen wurde, daß ihm alle Kaspar-Hauser-Stätten bekannt waren, daß dem Schreiben des Romans ein umfassendes, intensives Studium vorausging, bis ihm schließlich «die Figur des Nürnberger Findlings unerwartet hoch empor» wuchs, «und sein Schicksal ward mir zum Schicksal des menschlichen Herzens überhaupt».[76] Sein innerstes Anliegen war es, die Kluft zwischen dem Juden und dem Deutschen in ihm, die er schmerzlich empfand, gerade durch den Kaspar-Hauser-Roman zu überwinden.

«Ich kann nicht leugnen, daß ich an die Veröffentlichung des Buches ungewöhnliche Erwartungen knüpfte, Erwartungen, die einer hegt, dem es endlich gelungen scheint, sich zu beglaubigen. Ich bildete mir ein, den Deutschen ein wesentlich deutsches Buch gegeben zu haben, wie aus der Seele des Volkes heraus; ich bildete mir ein, da ein Jude es geschaffen, den Beweis geliefert zu haben, daß ein Jude nicht durch Beschluß und Gelegenheit, sondern auch durch inneres Sein die Zugehörigkeit erhärten, das Vorurteil der Fremdheit besiegen könne. Aber in dieser Erwartung wurde ich getäuscht.»[77]

An anderer Stelle betont er das von ihm dargestellte Element des Deutschen bis zum Überdruß.

«Innerste deutsche Welt und, ich glaube es wohl sagen zu dürfen, gültige deutsche Menschen. Deutsch die Stadt, deutsch der Weg, deutsch die Nacht, deutsch der Baum, deutsch die Luft und das Wort.»[78]

Man muß sich vollkommen zum Bewußtsein bringen, worum es Wassermann ging. Er wollte mit seinem Kaspar-Hauser-Roman zeigen, daß ein Jude ein Buch schreiben kann, das beispielhaft das deutsche Element erfaßt. Mit anderen Worten: Als Mensch und Künstler war ihm daran gelegen, sich von der Blutabstammung zu lösen, was ihm auch im höchsten Grade gelang. Er war gerade dadurch ein Deutscher, daß er es nicht dem Blute nach war. Er war nicht ein Deutscher, aber er wurde es durch seine innere Arbeit. Was aber hier als befreiendes Element der Spiritualität angesehen wird, was als Ideal der ichhaften Selbstbestimmung erscheint, das wurde Wassermann in der deutschen Öffentlichkeit nicht abgenommen.

«Ich erfuhr also, daß ich keinen Fußbreit Boden erobert hatte und erobern konnte, nicht in dem Bezirk nämlich, um den sich's mir heilig und schmerzlich handelte. Immer wieder mußte ich lesen oder spürte, daß es im Sinnen und Meinen lag: der Jude.»[79] Wassermann muß die bittere Erfahrung des Zurückgestoßenwerdens machen, das Wahre darf nicht wahr sein.

«Gewiß ist nur das eine: es durfte vor der deutschen Öffentlichkeit nicht wahr sein, daß ein Jude ein so eigentümliches deutsches Buch schrieb.»[80]

Durch die Arbeit an seinem dem Kaspar-Hauser-Schicksal gewidmeten Kunstwerk verbindet sich Wassermann als Individualität mit dem Geist, der sich von Blut und Boden löst. Er vollzieht bewußt den Schritt, der allein zur Überwindung der Blutsunterschiede führen kann. Das erfordert aber, daß von der anderen Seite das gleiche geleistet wird. Mit äußerstem Schmerz erlebt Wassermann, daß nicht die neue Wahrheit aufgenommen wird, sondern die alte Lüge von der unabänderlichen Blutsbestimmung ihre Macht behauptet.

«Es handelt sich um die Lüge, die wurmhaft vor mir herkriecht und von Zeit zu Zeit ihr gesprenkeltes Haupt erhebt, um mich anzuspeien. Um die unbesiegbare, grauenvolle Lüge handelt sich's, in die sich der Geist eines ganzen Volkes gehüllt hat, und der kein Augenschein, kein Opfer, keine Liebe, kein Beweis etwas anzuhaben vermag.»[81]

Der Geist, von dem Wassermann hier spricht, ist der Ungeist des deutschen Volkes, der Dämon, der aus der nicht überwundenen Blutverhaftetheit seine Kraft saugt. Es ist symptomatisch, daß Wassermann gerade mit seinem Kaspar-Hauser-Roman diese furchtbaren Erfahrungen machen mußte. Auf der geistig-seelischen Ebene vollzieht sich beispielhaft die Katastrophe zwischen Juden und Deutschen; was später grauenhafte Realität wird, bereitet sich in dem Verlorengehen der wahren Volksgeistigkeit vor. Wassermann aber lebte sich so intensiv in das Wesen Kaspar Hausers ein, daß sich in ihm dadurch die Beziehung zu dem wahren Volksgeist der Deutschen realisiert hat. Dies

Beispiel bestätigt die oben dargestellte Wesensbeziehung um so mehr, als Wassermann die riesige Gefahr erkennt, die in der Trägheit des Herzens liegt. Durch die Trägheit des Herzens wird der Weg zum Geist versperrt. Kaspar Hauser ist im Sinne Wassermanns die Gestalt der deutschen Geschichte, die immerdar dazu mahnt, die Trägheit des Herzens zu überwinden.

Jakob Wassermann hat Kaspar Hauser sozusagen von zwei Seiten angeschaut: von der göttlich-geistigen, wovon im dritten Kapitel die Rede war, und von der geschichtlichen, die hinüberführt in die Zukunft. Über diesen Zusammenhang dachte Wassermann so:

«Nun bin ich ja heute wie vordem durchdrungen von der Meinung, daß Caspar Hauser wirklich der prinzliche Knabe gewesen, für den ihn Daumer und Feuerbach und nachher viele andere, die totgeschwiegen oder totverleumdet wurden, gehalten; es sind mir dokumentarische Belege, glaubwürdige Zeugnisse genug zu Aug und Ohr gekommen, andere werden einst aus tückisch verschlossenen Archiven ans Licht treten; die Intrigen reden eine deutliche Sprache; es gibt noch hochgestellte Wissende; manche haben mir ihr Vertrauen geschenkt; ein Zweifel darüber, was die Schreibtischspychologen so leichtfertig ableugneten, war bei ihnen gar nicht zu finden. Heute wie vordem bin ich davon durchdrungen, daß der Name, das Leben und der Tod Caspar Hausers eine nicht gesühnte Schuld ausmachen, die fort und fort wuchert wie alle nicht gesühnte Schuld.»[82]

Wassermann, der am Neujahrsmorgen 1934 starb, mußte als jüdischer Schriftsteller 1933 noch die beginnenden Verfolgungen der Hitler-Bewegung erleben, die im Zusammenhang mit dem unbewältigten Kaspar-Hauser-

Schicksal und dem Verlust der Spiritualität des Volksgeistes zu sehen ist. Auf das Jahr 1933 hat ahnungsvoll-prophetisch Henriette von Feuerbach aus ihrer tiefen Beziehung zu Kaspar Hauser hingewiesen. Die Schwiegertochter Feuerbachs, eine Tochter des Arztes Dr. Heidenreich, der Kaspar Hauser in Ansbach behandelte, schrieb in einem Brief am 2. Januar 1884: «Hätte ich den vollgültigen Beweis, der noch aussteht, so würde ich ihn in eine eiserne Chatoulle sperren und darauf schreiben: Am 17. Dezember 1933 zu eröffnen!»[83] Die Möglichkeit, die Henriette von Feuerbach andeutet, hat sie wohl nicht realisiert, die Schatulle blieb eine Idee. Was sie ihr anvertraut hätte, scheint zunächst klar: den «vollgültigen Beweis» der Identität Kaspar Hausers als badischer Thronfolger. Da sie davon aber mit Feuerbach und anderen fest überzeugt war, bleibt fraglich, ob sie noch anderes im Sinn hatte. Zweifellos aber drängte sie der Genius der Geschichte, hinzuschreiben: «Am 17. Dezember 1933 zu eröffnen!» Darin kommt aus ihr unbewußten Tiefen das Entscheidende zum Ausdruck: Erst nach 100 Jahren werden die Konsequenzen der an Kaspar Hauser vollbrachten Taten offenbar werden. So verstanden, öffnet der prophetische Ausspruch den Blick auf einen umgreifenden historischen Zusammenhang. Zwei Gestalten stehen sich gegenüber: Kaspar Hauser und Adolf Hitler.

Damit wird nicht die Ansicht vertreten, Hitler sei ein unabwendbares Fatum für Deutschland gewesen. Es ist aber an die Aussage Wassermanns von der ungesühnten Schuld zu erinnern, «die fort und fort wuchert wie alle nicht gesühnte Schuld». Tatsächlich tritt in den oben dargestellten Erfahrungen Wassermanns klar zutage, daß in der deutschen Öffentlichkeit der Kaspar-Hauser-Fall nicht bewältigt werden konnte. Das hat – wie schon angedeutet – nicht unerheblich zur Tragödie der Deutschen beigetragen. Die positiven Möglichkeiten wurden verspielt, die Wahrheit wurde nicht ernsthaft ergriffen, so daß sich auf der weltgeschichtlichen Bühne diese zwei Gestalten gegenüberstehen. Dabei steht die eine grell im Vordergrund, die andere, unscheinbar, übersehbar im Hintergrund. Erst dieser Jahrhundertblick macht die Tragödie der Deutschen, die Tragödie Mitteleuropas in seinen Dimensionen vollauf sichtbar. Dem Kinde Europas steht der Usurpator Europas gegenüber, beide werden für die deutsche Geschichte in Zukunft zum Mythos werden, Weg und Irrweg klar bezeichnend. Solange beide Gestalten zusammengeschaut werden, solange ist eine Art Gleichgewichtszustand gegeben.

An dieser Stelle kann noch einmal auf andere Weise die unermeßliche Bedeutung Kaspar Hausers für die deutsche Geschichte erkannt werden, denn wenn die Gestalt Kaspar Hausers fällt, dann bricht das Gleichgewicht zusammen, dann bleibt nur noch die Vordergrundgestalt erhalten. Die *Spiegel*-Attacke gegen Kaspar Hauser, die ihn – wie oben beschrieben – auslöschen soll und die in einer Reihe ähnlicher Versuche steht, ist so zu werten, wobei gesagt werden kann: Denn sie wissen nicht, was sie tun. Objektiv gesehen wirkt gerade der nicht durchschaute Impuls verheerend, er gehört zu dem menschenfeindlichen Geschehen, das am Ende des 20. Jahrhunderts alle Spiritualität ertöten will. Dann bleiben die Abgrundgestalten sozusagen allein stehen, und sie werden dazu benutzt, alle ichhafte spirituelle Entwicklung als gefährlich zu verdächtigen und zu diskreditieren, weil das Wahre und das Unwahre verwechselt werden.

Ein Blick muß noch geworfen werden auf den Zeitraum von 100 Jahren, der von Henriette von Feuerbach angegeben wurde, gewiß ohne die dahinter stehende Gesetzmäßigkeit auch nur zu ahnen. Der Zusammenhang über 100 Jahre ergibt sich aus dem Verfolgen des 33-Jahr-Gesetzes der Geschichte, das Rudolf Steiner erkannte und Weihnachten 1917 darstellte. Die dreimalige Wiederholung dieses Geschehens führt zu den 100 Jahren. «Eine Menschengeneration von 33 Jahren reift einen Gedankenkeim, einen Tatenkeim aus. Ist er dann ausgereift, so wirkt er durch 66 Jahre weiter nach im geschichtlichen Werden. Man erkennt die Intensität eines Impulses, den der Mensch im geschichtlichen Werden hineinlegt, auch in seiner Wirksamkeit durch drei Generationen durch, ein ganzes Jahrhundert hindurch.»[84] Rudolf Steiner weist ausdrücklich darauf hin, daß «*alle* Dinge im geschichtlichen Werden nach 33 Jahren in verwandelter Gestalt aus dem Grabe» auferstehen, das heißt, daß dieser durch das Christus-Leben dem geschichtlichen Werden eingepflanzte Auferstehungsimpuls objektiv wirkt, daß er sich nicht im menschlichen Sinne auf Gut und Böse bezieht, sondern daß er alles in seine Konsequenz führt, wodurch die Wahrheit offenbar wird.[85] So ist auch der vorliegende Fall zu verstehen: Alle Seiten des Kaspar-Hauser-Geschehens zeigen sich in veränderter Gestalt.

Wegen der Beziehung, die das Kaspar-Hauser-Geschehen zu den Rosenkreuzern hat, sei auch noch an das im Rosenkreuzertum geltende Gesetz erinnert, daß «in jedem Jahrhundert die rosenkreuzerische Inspiration so gegeben wird, daß niemals der Träger der Inspiration äußerlich bezeichnet wurde».[86] Dies ist notwendig, um das unpersönlich-objektive Element sicherzustellen und vor den äußeren und inneren Anfechtungen zu schützen. «Deshalb ist die Bedingung, daß erst 100 Jahre nach einem solchen Faktum davon gesprochen werden darf, eine notwendige.» Dieser Hinweis kann zum Beispiel auf die Darstellung des Christus-Schicksals im 19. Jahrhundert durch Rudolf Steiner bezogen werden. So kann in zweifacher Weise die prophetische Aussage Henriette von Feuerbachs in ihrer Gesetzlichkeit verstanden werden.

Mit dem Jahr 1933 treten sowohl die fortschreitende als auch die retardierende Strömung weltgeschichtlich hervor. Das Verständnis beider Seiten kann durch die von Rudolf Steiner vermittelten Erkenntnisse entscheidend vertieft werden. Als das wichtigste Ereignis des 20. Jahrhunderts ist von Rudolf Steiner immer das Wiedererscheinen des Christus in der ätherischen Welt bezeichnet worden, das mit einer Veränderung der Seelenfähigkeiten beziehungsweise mit dem Auftreten neuer Seelenfähigkeiten verbunden ist. Nach der Kreuzigung im 19. Jahrhundert, die den Verlust des Bewußtseins des Christus-Engels bedeutete, tritt dieser wiedererstanden an die einzelnen Menschen heran, so daß das spirituelle Bewußtsein individuell in ihnen erwachen kann. Das Christus-Ereignis ist ein Ereignis im Ich, das zu erwachen beginnt. Daher ist dieser Vorgang äußerlich nicht zu beurteilen, oft auch nicht zu beobachten. Das Christus-Ereignis und das Auftreten der neuen Seelenfähigkeiten teilt sich den Menschen von den dreißiger Jahren unseres Jahrhunderts an mit, wobei sogleich zu betonen ist, daß die seit 1899 durch Rudolf Steiner auftretende

Geisteswissenschaft oder Anthroposophie eine notwendige Vorbereitung ist, da ohne diese kein Hinweis darauf vorhanden wäre, kein Verständnis entstehen könnte. Diese Fähigkeiten «werden sich deutlicher zeigen in der Mitte der dreißiger Jahre unseres Jahrhunderts, ungefähr in der Zeit zwischen 1930 und 1940. Die Jahre 1933, 1935 und 1937 werden besonders wichtig sein. Da werden sich am Menschen ganz besondere Fähigkeiten als natürliche Anlagen zeigen. In dieser Zeit werden große Veränderungen vor sich gehen und Prophezeiungen der biblischen Urkunden sich erfüllen.»[87] Diese Äußerungen Rudolf Steiners finden sich in einem Vortrag, den Rudolf Steiner am 25. Januar 1910 in Karlsruhe gehalten hat. In dieser direkten Art hat Rudolf Steiner von dem Jahr 1933 nur in diesem Karlsruher Vortrag gesprochen. Ein Zufall?! Für den hier dargestellten Zusammenhang ist es wesentlich, daß die später (1913) von Rudolf Steiner mitgeteilte Erkenntnis über das Schicksal der Christus-Wesenheit im 19. und 20. Jahrhundert einbezogen wird, weil dadurch auch ein Licht fällt auf das Verhältnis von 1833–1933. Die damals (1913) angedeuteten zukünftigen Ereignisse beginnen sich ab 1930 zu erfüllen. Im Zeitalter der Freiheit, das mit den Kräften der bösen Mächte notwendig verbunden ist, versteht es sich von selbst, daß die spirituellen Impulse zwar an die Menschen herantreten, aber nicht erfaßt, verstanden, aufgenommen werden müssen. So weist Rudolf Steiner ausdrücklich darauf hin, daß «die Bosheit, der Materialismus» so groß sein könnten, «daß die Mehrheit der Menschen nicht das geringste Verständnis zeigt».[88] Die Folge davon wird klar benannt: «Würde die Menschheit an diesen Ereignissen vorübergehen, so wäre das ein Unglück für die

Menschheit.» Die Ereignisse werden sich aus dem Willen der geistigen Wesen notwendigerweise vollziehen; ob sie zum Glück, ob sie zum Unglück werden, hängt von dem freien und bewußten Erfassen beziehungsweise von dem stumpfen und dumpfen Verharren ab. Auf dieses Unglück hat Rudolf Steiner meines Erachtens hingewiesen, als er auf die damals (1917) mögliche, inzwischen Wirklichkeit gewordene Zurückweisung der sozialen Dreigliederung aufmerksam machte. Die eingetretene Katastrophe darf natürlich den Blick nicht so verstellen, daß nicht bemerkt würde, daß das Christus-Ereignis doch von Menschen erlebt werden konnte.

Im Hinblick auf die dreißiger Jahre ergibt sich die Frage, ob und wie die neuen Seelenfähigkeiten mißbraucht oder gar umgekehrt werden konnten. Dem Christus-Ereignis im individuellen, zum Ätherischen sich öffnenden Bewußtsein stehen die ungeheuren, suggestiven Massenerscheinungen gegenüber, die durch Bewußtseinstrübung den Willen entfesseln. Das Christus-Ereignis und das Jahr 1933 hat Rudolf Steiner im September 1924 als eine neue, weiterführende Erkenntnis in Beziehung gesetzt zu dem in die Geschichte eingreifenden Wirken des apokalyptischen Tieres. «Ehe denn der ätherische Christus von den Menschen in der richtigen Weise erfaßt werden kann, muß die Menschheit erst fertig werden mit der Begegnung des Tieres, das 1933 aufsteigt.»[89] Mit diesem apokalyptischen Tier ist nach einer Darstellung Rudolf Steiners Sorat, der Sonnendämon, der eigentliche Gegner Christi, der Antichrist gemeint.[90] Als *eine* besondere Erscheinung dieses apokalyptischen Tieres, des Sonnendämons, muß die Hitler-Bewegung gewertet werden. Dabei ist aber unbedingt ein

Hinweis Rudolf Steiners zu beachten, um nicht Menschen gegenüber in eine falsche Urteilshaltung zu kommen. «Die Menschen selber können keine Gegner des Christus sein, können nur sozusagen durch das, was in ihnen an falscher Kraft ist, versäumen, das Christus-Prinzip in sich aufzunehmen. Aber es gibt einen solchen Gegner: das Sonnendämonium. Das erscheint, sobald etwas da ist, das ihm zur Beute fallen kann.»[91] Diese Worte können Voraussetzung, Eingreifen und Wirken der Hitler-Bewegung erfassen, um das schier Unbegreifliche begreiflich zu machen. Eine wesentliche Voraussetzung war durch das Verleugnen von Wahrheit gegeben, wodurch das Christus-Prinzip nicht aufgenommen werden konnte. Da wäre selbstverständlich vieles zu nennen, nicht zuletzt aber ergab sich die Tragödie auch aus dem unbewältigten Kaspar-Hauser-Schicksal, wie es oben an dem Beispiel Wassermanns gezeigt wurde. In der deutschen Öffentlichkeit war das Bild Kaspar Hausers als Lügner, Betrüger und Selbstmörder bei weitem noch nicht überwunden, obwohl seit 1925 Hermann Pies seine sachliche Wahrheit verbreitenden Schriften veröffentlicht hatte. Es ist symptomatisch, daß sich diese Situation nach fast 66 Jahren erneuert.

In der Hitler-Bewegung macht sich in exemplarischer Form das geltend, was Daumer schon im Anblick der Verfolgung Kaspar Hausers mit den Worten «Härte, Lüge, Fälschung und Tücke» bezeichnet hatte: Aus dem hier dargelegten Zusammenhang ergibt sich, daß die Hitler-Bewegung von vornherein mit Kräften antrat, die die wahren Impulse des deutschen Volksgeistes verneinten und verleugneten. Ein deutscher Nationalismus war mehr noch als alle anderen verderblich, weil die wirklichen Ziele dieses

Volksgeistes gerade in der Überwindung des Nationalen und Blutsmäßigen liegen. So war die Hitler-Bewegung in extremer Weise ein Feind des deutschen Geistes als Konsequenz der Tatsache, daß nicht bewußt ergriffen werden konnte, wozu die Anthroposophie erschienen war: die Spiritualität. Leicht ist zu beobachten, daß die Hitler-Bewegung von den geistfeindlichen Kräften durchdrungen war. Hitler selbst hat Macht, Gewalt und Krieg nicht nur verbal verherrlicht, sondern brutal in die Tat umgesetzt, ein furchtbares Beispiel für das Wirken der dekadenten Marskräfte. Guido Knopp hat diese Seite Hitlers – durch Zitate unterstützt – treffend dargestellt:

«Krieg war für Hitler Mittel und Ziel. Der Ideologe glaubte im Krieg ein ehernes Naturgesetz, den Urgedanken des Lebens, erkannt zu haben. Krieg war für ihn das letzte Ziel der Politik: ‹Ich gebe der Gewalt ihre angestammte Würde wieder, die Quelle alles Großen und die Mutter der Ordnung zu sein.›

Gewalt als Mutter, Krieg als Vater aller Dinge, Krieg als Dauerzustand: ‹Wo immer auch unser Erfolg endet, er wird stets nur der Ausgangspunkt eines neuen Kampfes sein.› Der Friede als Prinzip kommt in Hitlers Ideologie nicht vor. Friede ist nur Vorkrieg oder Nachkrieg.»[92] Deutlicher kann die Dekadenz nicht beschrieben werden. In Umkehrung der Wahrheit sollte diese Dekadenz das Dritte, das Tausendjährige Reich begründen, worin eine verheißungsvolle religiöse Komponente verlogen anklingt. Die Taten Hitlers werden verständlicher, wenn man ihre Beziehung zu den abgründigen, dekadenten Marskräften bemerkt.

Die Trägheit des Herzens ist eine Menschheitskrankheit, wie Jakob Wassermann in seinem Kaspar-Hauser-Roman zeigte. Das Kind Europas ist der Mahner zum Mitleid. Kraß zeigt sich die Polarität in Hitlers unfaßbarer Mitleidlosigkeit: Der die Wahrheit auf den Kopf stellende Sonnendämon erscheint in Hitlers Bekenntnis, daß Mitleid nichts anderes als Schwäche sei. Erst geht die Tugend verloren, dann wird die Untugend zur Tugend erklärt, die mit alles zerstörendem Willen zur Wirklichkeit wird.

Ähnlich verhält es sich mit Blut und Boden. Durch den Volksgeist war die weltgeschichtliche Aufgabe gestellt, sich von Blut und Boden zu lösen, um das spirituelle Bewußtsein anfänglich ergreifen zu können. Nur wenige, allzu wenige, konnten dieser Aufgabe gerecht werden. Was nicht geleistet werden konnte, wird durch Hitler zum fanatisch verfolgten Programm erhoben. Die Berufung auf die in allen Rassen dekadent gewordenen Blutskräfte löst in archaischer Weise die Verfolgung des fremden, insbesondere des jüdischen Blutes aus. Die Blutskräfte stellen sich als blinde Haßkräfte dar.

Die überlebte Verbindung mit dem Boden als Territorium, dessen Besitz Macht verleiht, setzt den Eroberungswillen für den Lebensraum frei, der ein wesentlicher Grund für die Entfesselung des Zweiten Weltkrieges durch Hitler ist. Die Fesselung an den Boden führt zur Entfesselung der Kriegsdämonen, die unzähligen Menschen unermeßliches Leid gebracht haben, das im Weltganzen als eine Art Ausgleich, eine Sühne angesehen werden kann.

So treten in der Hitler-Bewegung die Impulse Sorats hervor, zu erkennen an der unvorstellbaren, fast unwiderstehlichen Willensintensität, mit der die Unwahrheit zur Wirklichkeit gemacht werden soll. Das gemeinsame Willenserlebnis schafft die Masse und fasziniert sie. Dem steht das Erwachen des spirituellen Bewußtseins im einzelnen Menschen gegenüber. In größenwahnsinniger Anmaßung arbeitet sich in Hitler das Bewußtsein Sorats hoch, des Antichrists, der an die Stelle Christi treten will. «Das Werk, das Christus begonnen hat, werde ich zu Ende führen», wird als eine symptomatische Äußerung Hitlers überliefert.[93] Die Tragödie der Deutschen mußte sich in dieser abgründigen Weise vollziehen, weil die mit den Kräften des wahren Volksgeistes in Verbindung stehende Gestalt Kaspar Hausers nicht in genügendem Maße erkannt, akzeptiert, gewollt wurde. Die beiden polaren Gestalten, die sich über 100 Jahre hinweg aufeinander beziehen, haben – wie sich zeigt – einen gewaltigen Hintergrund, der sie für sich und auch untereinander verständlicher macht. Das in bezug auf die Hitler-Bewegung immer wieder gebrauchte Wort von der unbewältigten Vergangenheit ist insofern berechtigt, als erst durch den spirituell erweiterten Horizont ein Verständnis wachsen kann. Das ist bis heute nicht in genügendem Maße geschehen. Daher das Unbehagen, das sich gelegentlich in elementarischer Weise äußert.

Die Tragödie des deutschen Volkes hat sich vollzogen, sie kann an Gestalten wie Kaspar Hauser und Hitler festgemacht werden. Als spirituelles Geschehen kann diese Tragödie nur spirituell erfaßt werden, sonst bleiben ihre wirklichen Dimensionen bedrückend verborgen.

6. Die Stufen des Schicksals

Die Betrachtung des Kaspar-Hauser-Schicksals kann wie jedes Schicksal in zweifacher Weise erweitert, vertieft werden. Zum einen kann nach den Bedingungen und Notwendigkeiten gefragt werden, die von der Vergangenheit her das Schicksal eines Menschen durch die Wiedergeburt bestimmen. Der Mensch lenkt und gestaltet von der Präexistenz her mit einem überbewußten, zielstrebigen Wollen sein Schicksal. Indem das gewollte Schicksal Wirklichkeit wird, erfüllt es die Gegenwart, es gibt dem Geschehen den spirituellen Inhalt. Dieser Inhalt wird für die Zukunft durch das verändert, was ihm aus dem unmittelbaren Erdenleben hinzugefügt wird. Dadurch wird der Schicksalskeim gebildet, der sich wiederum in einem zukünftigen Erdenleben gestaltend geltend machen wird.

In dem gegenwärtigen Erdenleben können sich aber auch neue Einschläge ereignen, sei es durch nicht karmisch bestimmte Begegnungen, sei es durch freie Taten, die der Entwicklung als Schöpfung aus dem Nichts neue Elemente einverleiben.

Beides zusammen bildet in weiten Bögen von Inkarnation zu Inkarnation die Beziehung des Menschen zum Zeitenstrom der Geschichte.

Zum anderen ist aber auch eine Schicksalsbetrachtung möglich, die das gegenwärtige Erdenleben auf die Wesen der dritten Hierarchie bezieht, auf Engel, Erzengel und Urkräfte oder Zeitgeister. Das sind zwei Strömungen, die eine sozusagen horizontal verlaufend, die andere vertikal sich erhebend, beide durchdringen und kreuzen sich.

Der Schicksalsplan des Kaspar-Hauser-Lebens wurde zunächst durchkreuzt von dem, was ihm aus der Zeitnotwendigkeit als Opfer bestimmt war. Dann konnte er durch seine Freilassung mit den Menschen in Nürnberg in eine Beziehung treten, die als ihm vom Schicksal zugeordnete Gestalten erscheinen, wie Hiltel, Daumer, Binder, Tucher, Feuerbach. Diese Menschen bilden den Schicksalsumkreis für Kaspar Hauser; Bürgermeister Binder hat diese Situation mit dem Wort angedeutet: «Die Gemeinde, die ihn in ihren Schoß aufgenommen hat, liebt ihn, und betrachtet ihn als ein ihr von der Vorsehung zugeführtes Pfand der Liebe.»[94] Diese Schicksalssituation währte bis zu dem ersten Mordanschlag im Oktober 1829 und dem dabei verborgenen, dann offenen Auftreten von Lord Stanhope im Mai und September/Oktober 1831. Schicksalsbeziehung und auftragsgebundenes Handeln sind im Vorgehen von Lord Stanhope gleichermaßen zu bemerken. Er bestimmt als Pflegevater den Weg seines Schützlings nach Ansbach zu dem Lehrer Meyer (Dezember 1831), wodurch Kaspar Hauser von den Nürnberger Freunden getrennt wird; zugleich aber begegnet er in Ansbach Pfarrer Fuhrmann, was man nur als eine gütige Schicksalsfügung ansehen kann. Der Mordanschlag und besonders schließlich die Ermordung sind als Elemente anzusehen, die nicht schicksalhaft vorbestimmt waren, sondern aus der unmittelbaren

Gegenwart vernichtend in sein Leben eingriffen. Die dadurch geschaffenen Schicksalstatsachen wurden von Kaspar Hauser im Sterben so aufgegriffen, daß ihre Wirkung als Schicksalselemente für die Zukunft gewandelt wurde. Dem Schicksalszwang begegnet die Freiheit, wodurch eine neue Schicksalssaat für die Zukunft entsteht.

Der hierarchische Gesichtspunkt kann dieser Betrachtung noch eine andere Dimension geben. Wenn vom Menschen aufgeschaut wird zu den Hierarchien, zu den geistigen Wesen über dem Menschen, dann fällt der Blick zunächst auf den Schicksalsbegleiter des Menschen, den Engel, der den Menschen von Inkarnation zu Inkarnation leitet und mit seiner Arbeit das Ziel verfolgt, zwischen den Inkarnationen eine heilende, fördernde Konsequenz walten zu lassen. Der Engel trägt für den einzelnen Menschen das Bewußtsein von dessen Inkarnationen, bis der Mensch selbst dieses Bewußtsein erwirbt. Die Arbeit des Engels kann auf mannigfache Weise durchkreuzt werden; durch Handlungen des Menschen, durch widerstrebende und widerstreitende Wesen, durch Impulse, die sich aus der übergeordneten Erzengelebene ergeben. Dabei ist zu berücksichtigen, daß nicht jeder Schicksalsschlag bedeutet, daß die Arbeit des Engels durchkreuzt wurde. Für den Engelblick über die Inkarnationen ist auch mancher äußerst herbe Schicksalsschlag weisheitsvoll im Sinne der Entwicklung der Individualität. Für das persönliche Schicksal ist immer die Folgerichtigkeit zwischen den Inkarnationen maßgebend.

Wenn man Kaspar Hausers Biographie unter diesem Gesichtspunkt betrachtet, so ist der beherrschende Eindruck, daß sein persönliches Schicksal vergleichsweise nur eine geringe Rolle gespielt hat, daß das persönliche Schicksalselement stark zurückgedrängt wurde. Nur fünfeinhalb Jahre lebte Kaspar Hauser unter Menschen, und selbst diese Zeit war durch schwere Eingriffe beeinträchtigt, die nicht aus dem persönlichen Schicksal erklärt werden können. Grundsätzlich ist die Frage aufzuwerfen, inwieweit verbrecherische Handlungen, die einen Menschen betreffen, sich aus dessen persönlichem Schicksal ergeben. Dies ist zwar möglich, häufiger aber stellt die Tat des Verbrechers, die aus der Sphäre der Unfreiheit hervorgeht, ein neues Faktum in den Schicksalsgang hinein oder es ergibt sich die verbrecherische Handlung aus einem übergeordneten Zusammenhang. Die Einkerkerung, der Mordanschlag auf Kaspar Hauser und seine Ermordung müssen als Taten angesehen werden, die zwar tief in sein persönliches Schicksal eingreifen, die aber nicht aus diesem erwachsen. Vielmehr greift in das von dem Engel getragene Schicksal das nächst höhere, von den Erzengeln impulsierte Schicksal ein. In diesem Schicksalsumkreis kommen die verschiedenen Gemeinschaften, denen der Mensch angehört, zur Wirkung, für das Kind von Europa war das alles, was aus dem mitteleuropäischen und europäischen Schicksalsgang der letzten Jahrhunderte zusammengekommen war. Aus einer höheren als der persönlichen Schicksalsnotwendigkeit gestaltete sich das konkrete Leben Kaspar Hausers. Je höher ein Mensch spirituell steht, desto stärker lebt er in und mit den Kräften des Umkreises. Er lebt sein Schicksal, aber zugleich ein höheres. Ein Mensch, der in die geistige Welt hineinwächst, wird einerseits immer freier, andererseits immer abhängiger von der spirituellen Umgebung, oder anders ausgedrückt, die spirituelle Entwicklung zur

Selbstlosigkeit führt zu einer immer weitere Kreise umfassenden Verantwortung. In diesem Sinne übernahm das Kind von Europa auf der Erzengelebene spirituelle Verantwortung durch sein Leiden für das, womit es persönlich nichts zu tun hatte. Das ist nicht als Zwang, sondern als Ausdruck der Freiheit zu verstehen, die die Notwendigkeit ergreift. Der sich höher entwickelnde Mensch kann sich nicht-selbstisch ausleben. In den alten, vorchristlichen Mysterien bestand der fünfte Einweihungsgrad in der Identifizierung mit dem Volksgeist, so daß der betreffende Mensch dann Perser oder Israelit genannt wurde.[95] In der durch den Christus-Impuls gewandelten Weise wird hier für das Kind Europas Entsprechendes angedeutet. Das erhabenste Beispiel für den gemeinten Vorgang ist natürlich das Christus-Schicksal selbst. Die Leiden Christi erklären sich nicht aus seinem Wesen, sondern aus seinem Umkreis, aus der Menschheit, in die er sich durch die Inkarnation hineingegeben hat. Überflüssig zu sagen, daß dies alles keine Rechtfertigung des Bösen darstellt. Die als böse zu bezeichnenden Wesen und ihre Wirkungen sind im Weltganzen aus Entwicklungsnotwendigkeit vorhanden, es ist unmöglich, sie zu eliminieren (s. Goethe, *Faust I*, Prolog im Himmel). Indem das Kind von Europa auf der Erzengelebene sein Schicksal erfüllt, ist es in höchstem Maße Zeitgenosse, an ihm wirkt sich das aus, was im 19. Jahrhundert in der beschriebenen Art und Weise lebte. So verweben sich im Verlauf und in den Ereignissen der Kaspar-Hauser-Biographie Engel- und Erzengelebene miteinander.

Damit ist aber die Betrachtung des Kaspar-Hauser-Schicksals noch nicht vollständig. Denn es fehlt ihr noch das, was epochal in die Zukunft weist. Gewiß gehen auch von der Engel- und Erzengelebene Impulse aus, die die Zukunft gestalten werden, insbesondere im Hinblick auf das unvollendete Wirken des deutschen Volksgeistes, mit dem – wie gezeigt wurde – Kaspar Hauser innig verbunden ist. Aber Kaspar Hausers Wesenheit ragt sozusagen noch höher hinauf, bis zu den Archai, den Zeitgeistern oder Urkräften. Dies kann man schon angedeutet empfinden in dem Beinamen «Kind von Europa», denn damit ist einerseits die Volksebene, andererseits aber in der Gemeinschaft der Völker Europas eine darüber liegende Sphäre angesprochen. Insofern Kaspar Hauser das Christus-Schicksal des 19. Jahrhunderts, ins Menschliche übertragen, an sich erfährt, ist er auch mit der Zukunft dieses Ereignisses verbunden, das vom 20. Jahrhundert an als Auferstehung in dem wachsenden spirituellen Bewußtsein des einzelnen leben kann. Das ist ein Vorgang, der in eine weite Zukunft gespannt ist. In mehreren Inkarnationen hat der Mensch Gelegenheit, dieses Bewußtsein zu ergreifen und darin den Auferstandenen zu finden. Was sich an Kaspar Hauser im 19. Jahrhundert vollzogen hat, ist dafür eine notwendige Vorbereitung. Noch besser ist es, sich im Sinne eines vollständigeren Karmabegriffs klarzumachen, daß in dieser Sphäre die wirklichen Ursachen weder in der Vergangenheit noch in der Gegenwart, sondern in der Zukunft liegen. Auf der Volksgeistebene ist Kaspar Hauser schon dem michaelisch-christlichen Impuls verbunden. Auf der noch höheren Zeitgeistebene ist er in eminentem Sinne mit der Zukunft des Christus-Impulses verbunden. Wenn es Zukunft geben soll, dann muß das Opfer vollbracht werden. In dieser Sphäre ist die Zukunft Gegenwart. So wie Kaspar

Hauser mit der Vergangenheit in einer besonderen Beziehung steht, was sich in den zutage tretenden Kindheitskräften zeigte, so ist er verbunden mit der Zukunft, in der die Christus-Wesenheit immer intensiver an die Menschen herantreten wird. Für dieses Herantreten gilt das Christus-Wort: So ihr nicht werdet wie die Kinder, könnt ihr nicht in die Himmel eintreten. Das Ursprungskind ist mit dem Zukunftskind verbunden, wobei an die Stelle des unbewußten Darinnenlebens das bewußte, ichhafte Darinnenstehen tritt.

Die Verbindung zu Vergangenheit, Gegenwart und Zukunft erweist sich als Stufenfolge, die ihre Realität in den hierarchischen Wesen findet. So leben Engel, Erzengel und Zeitgeister (Archai) in den Stufen des Kaspar-Hauser-Schicksals.

7. Kaspar Hauser in Gegenwart und Zukunft

Die Krise, der Entscheidungscharakter des 20. Jahrhunderts, ist bestimmt durch die spirituelle Tatsache, daß Christus selbst nach seiner zweiten Kreuzigung in der Engelsphäre im 19. Jahrhundert in diesem Jahrhundert mehr und mehr als der Wiedererstandene den Menschen begegnet. Das Neue dabei ist, daß Christus an das wachende, bewußte Ich herantritt, um dieses Ich zum Erwachen für die geistige Welt und ihre Wesen zu bringen. Deswegen sprach Rudolf Steiner immer wieder davon, daß jeder unbefangene Mensch die Anthroposophie verstehen lernen könne, daß Ausdauer und Geduld schließlich zu einem gedankenklaren Darinnenstehen in der geistigen Welt führen.[96] Das Denken des einzelnen Menschen kann so spiritualisiert werden, daß die geistigen Tatsachen allmählich zum Eigentum des Ich werden, ohne daß dieses schon hellsichtig wird. Damit steht nicht im Widerspruch, daß Christus dem Menschen in Krankheit, Not und Schuld wie eine Engelwesenheit unmittelbar menschlich eingreifend begegnen kann. Solche helfende Schicksalsgnade ist nur die andere Seite des Vorgangs, der im Ich zu einer wachsenden Erweckung führt. Beides schließt sich nicht aus, beides aber entstammt dem Christus-Impuls der Gegenwart und Zukunft.

Kann man das Kaspar-Hauser-Schicksal des 19. Jahrhunderts in der oben beschriebenen Weise als diesseitige Repräsentanz des Christus-Schicksals in der geistigen Welt verstehen, dann ist ohne weiteres klar, daß Kaspar Hauser als eine spirituelle Größe erster Ordnung weiterhin mit diesem Geschehen verbunden bleibt. Aus diesem Grunde ist Kaspar Hauser viel mehr eine Gestalt der Gegenwart und der Zukunft als der Vergangenheit. Daher erklärt sich auch, warum das Ringen um Kaspar Hauser nur vordergründig eine Auseinandersetzung um historische Fragen wie die Identität ist. Im Hintergrund ist es im wahrsten Sinne des Wortes ein Ringen um den Geist. Denn letzten Endes ist eben in das Kaspar-Hauser-Schicksal vielschichtig das Christus-Schicksal verwoben.

Nun stehen der neuen Christus-Nähe mit Notwendigkeit die stärksten widerstrebenden Kräfte entgegen, wodurch das Ich erst in die Entscheidung gestellt wird. Indem sich Christus der Menschheit nähert, nähert sich auch der Antichrist, Sorat, der Sonnendämon der Menschheit. Ihm dienen im 20. Jahrhundert mit vereinten Kräften Luzifer und Ahriman. Im Vordergrund der Geschichte trägt das 20. Jahrhundert – für jeden erkennbar – deutlich die Züge des Wirkens des Antichrist. Herausragende Knotenpunkte sind dabei die Jahre 1933 und das gegenwärtige Jahr 1998, es geht aber durch das ganze Jahrhundert dieser Einfluß, und er wird sich auch in Zukunft fortsetzen. Indem nun Kaspar Hauser als Kind Europas, in dem der Christus-Impuls lebt, in Frage gestellt wird und verlorenzugehen droht, wird nicht nur eine historische Gestalt beeinträchtigt, sondern durch den antichristlichen Einschlag soll der Menschheit einer ihrer Helfer, Mahner und Tröster, der spirituell anwesend ist, genommen werden. Es ist eine Frage der Wachsamkeit, ob dies durchschaut wird. Wie überall zeigt sich das Wirken des Antichrist in der Betäubung des spirituellen Bewußtseins, was unterstützt wird durch blendende, autoritativ vorgebrachte Aussagen, die zwanghaft wirken sollen. Ein äußerer, vor allem aber ein innerer Widerstand ist notwendig, der freilich das Erkennen voraussetzt. Dieser bewußte Widerstand hängt zusammen mit der Entscheidung für Christus im Ich, zu der die Gegenwart aufruft. Dieser Widerstand bezieht sich auf eine Fülle von Lebenstatsachen und erfordert immer neue Entscheidungen, er ist aber am Ende dieses Jahrhunderts nicht zuletzt für Kaspar Hausers spirituelle Existenz unabdingbar.

Auf drei Bereiche kann in diesem Sinne abschließend geblickt werden, um die Felder skizzenhaft zu bestimmen, auf denen Widerstand geleistet werden muß, auf denen um den Christus-Geist, der sich mitteilen will, gerungen werden muß. Im einzelnen Menschen spielt sich dieses Ringen als Bewußtseinskampf ab. Im Verstehen der spirituellen Tatsachen wächst das Ich in die geistige Welt hinein; kann das Ich diese Befruchtung durch den im 20. Jahrhundert wiedererstandenen Christus-Impuls nicht erlangen, so wird es zurückgeworfen in die abschließende, sich vor der geistigen Welt verschließende Ichheit, auf die Sorat als Antichrist seine Wirkung ausübt.

Für das deutsche Volk ist Kaspar Hauser – wie dargestellt – der gute Genius, alle Zukunftskräfte sind als Keime in ihm anwesend: sie sind es, die das Kind Europas eben zu diesem Kinde machen. Solange es Menschen gibt, die in ihrem Bewußtsein diese Verbindung Kaspar Hausers zu dem guten

Geist des deutschen Volkes aufrechterhalten, solange wird der Gegengestalt, die 1933 aus der Kraft Sorats in Deutschland aufstand, die andere mahnend und aufrufend gegenüberstehen. Sollte die Gestalt Kaspar Hausers dem deutschen Volk endgültig verlorengehen, so wäre dies ein neuer, in seinen Folgen unabsehbarer Akt der Tragödie des deutschen Volkes.

Das Reich Christi ist – nach seinen eigenen Worten – nicht von dieser Welt. Das heißt, daß die Christus-Wesenheit real jenseits der Schwelle lebt, daß sie durch die Iche hereinwirken kann in die diesseitige Welt, weil die Iche selbst beheimatet sind in der geistigen Welt und so die Brücke bilden können. Zwar bleibt die frühere unbewußte Wirkung des Christus-Impulses auf die Seelentiefen und die Nachtseite des Lebens noch erhalten, das wachsende Bewußtsein für die geistige Welt erfordert im Individuellen wie im Menschheitlichen aber die Auflösung des einheitlich scheinenden Seelenlebens. Durch das Christus-Ereignis wird die Menschheit als Ganzes an die Schwelle der geistigen Welt heran- und über diese hinweggeführt. Der Schwellengang der Menschheit ist eine fundamentale spirituelle Tatsache, die sich individuell in der Lockerung oder Trennung der Seelenglieder von Denken, Fühlen und Wollen zeigt. Vor den Gefahren des Schwellenübergangs kann nur die Mahnung des Hüters der Schwelle bewahren, die drei Qualitäten des Seelenlebens bewußt zu trennen. Nur der Mensch, der sich in der Dreiheit gliedert, kann sich in der geistigen Welt halten. Das Entsprechende gilt für die ganze Menschheit, deren Schwellengang unabweisbar die Trennung der seit alters her verflochtenen Glieder des sozialen Organismus fordert. Die Dreigliederung des sozialen Organismus in die nach ihren Lebensgesetzen qualitativ so unterschiedlichen Bereiche des Geistes-, Rechts- und Wirtschaftslebens erfüllt die durch den Schwellengang gegebenen Bedingungen. Dadurch wird dem sozialen Organismus nach einem Wort Rudolf Steiners die «Christus gemäße Gestalt» gegeben, das heißt die sozialen Angelegenheiten der Menschheit werden mit einem gewissen Bewußtsein der geistigen Welt gestaltet, das sich im unterscheidenden Erfassen der Qualitäten von Freiheit, Gleichheit und Brüderlichkeit zeigt. Die größte Tragödie der Menschheit des 20. Jahrhunderts besteht darin, daß die «Christus gemäße Gestalt» des sozialen Organismus nicht Wirklichkeit werden konnte, weil es offenbar zu wenigen Menschen gelang, den Schwellengang bewußt zu bewältigen oder – mit anderen Worten – die Forderungen des Hüters der Schwelle zu erfüllen. Daß dieser Schwellengang wie auch das Christus-Ereignis Realitäten sind, offenbart sich durch die Tatsache, daß beim Überschreiten der Schwelle nicht nur die Wirklichkeit der Christus-Wesenheit gefunden werden kann, sondern daß alle bösen Gewalten zu machtvollen Wesenheiten werden. So treten Luzifer, Ahriman und Sorat als die unerkannten Verführer auf. Beim rechten, bewußten Überschreiten der Schwelle kommt die Menschheit in der Dreigliederung zu der «Christus gemäßen Gestalt»[97] des sozialen Organismus, das heißt, daß die neuerstandenen Christus-Kräfte segensvoll in diesen einfließen. Wenn der Schwellengang sich – wie es geschichtliche Wirklichkeit ist – im Unbewußten chaotisch vollzieht, dann zieht der alte, längst überlebte Einheitsstaat Natur und Mensch zerstörend in furchtbarer Weise die bösen Wesenheiten an. Die Wirklichkeit der geistigen Welt im Schwellengang präsentiert sich im geschichtlichen Geschehen in den drei bösen Wesenheiten, die deshalb so stark wirken können, weil sie als solche nicht erkannt und bewußt erfaßt werden können.

Für die Menschheit der Gegenwart und Zukunft hängt alles davon ab, ob in genügend vielen individuellen Bewußtseinen der Schwellengang so bewältigt werden kann, daß eine «Christus gemäße Gestalt» des sozialen Organismus Wirklichkeit werden kann. Davon scheint die Menschheit, die stark unter der Wirkung der widerstrebenden geistigen Wesenheiten lebt, weit entfernt zu sein. Ähnlich verhält es sich mit dem Gebiet, mit dem das Kind von Europa insbesondere verbunden ist, mit der Ebene der Völker und Volksgeister. Einerseits zeigt der überall aufflackernde Nationalismus, daß die Spiritualität des Volksgeistes in ihrer Wirklichkeit nicht gefunden werden kann, andererseits ist die Tendenz zu einem Nivellement zu beobachten, die die Volksgeistigkeit ebenfalls verleugnet. In beiden Fällen kann die spirituelle Realität nicht so ergriffen werden, wie es der Zeit entspricht.

So sind schwerwiegende Fragen vorhanden:

Welche Folgen hat die Zurückweisung der Spiritualität im Diesseits und Jenseits der Schwelle der geistigen Welt?

Was ist dem in neuer Gestalt an die Menschen herantretenden Christus angetan worden?

Haben die unermeßlichen Leiden der Menschheit in diesem Jahrhundert eine ähnliche Bedeutung wie der Opfergang Kaspar Hausers im 19. Jahrhundert?

All das mahnt dazu, die Botschaft des Kindes von Europa zu vernehmen, die Trägheit des Herzens zu überwinden. Denn diese Überwindung der Trägheit des Herzens ist die Voraussetzung dafür, daß das Christus-Bewußtsein in einzelnen Menschen aufleuchten kann. Der Weg in die Zukunft wird gegangen von den Menschen, in deren Bewußtsein sich das Aufwacherlebnis ereignen kann, das von der wiedererstandenen Christus-Wesenheit im 20. Jahrhundert ausgeht. So setzt die Entwicklung für die Zukunft bei den Individualitäten an, die sich in kleinen Kreisen finden und sich zu Gemeinschaften bilden.

Auf diesen Vorgang hat Rudolf Steiner in dem schon erwähnten Vortrag hingedeutet, in dem er von der zweiten Kreuzigung Christi im 19. Jahrhundert und der Auferstehung des Christus-Bewußtseins in den Seelen der einzelnen Menschen im 20. Jahrhundert spricht. Er verbindet das Geschehen mit dem Wirken des Zeitgeistes Michael, der der «Vermittler», der «Sendbote», der «Abgesandte des Christus» ist. Michael bereitet «jetzt die Menschheit vor, damit sie fähig werde, das Hinlenken des Christus-Bewußtseins aus dem Zustand des Unbewußten in den Zustand des Bewußten zu erleben. Und genauso wie zur Zeit des Erdenlebens des Christus die größere Anzahl seiner Zeitgenossen unfähig war zu glauben, welch mächtiges Ereignis sich in der Erdenevolution zugetragen hatte, so strebt in unserer Zeit die Außenwelt danach, die Macht des Materialismus zu vergrößern, und wird auf lange Zeit hinaus fortfahren, das, was wir heute besprochen haben, als Phantasie, Träumerei, vielleicht auch als Torheit anzusehen. Und so wird sie auch diese Wahrheit über Michael ansehen, der in der jetzigen Zeit anfängt, den Christus von neuem zu offenbaren. Trotzdem werden viele Menschen das erkennen, was jetzt beginnt wie eine Morgenröte aufzugehen und was sich während der kommenden Jahrhunderte in die menschlichen Seelen wie eine Sonne ergießen wird, denn Michael kann stets mit einer Sonne verglichen werden. Und wenn auch viele Menschen diese neue Michael-Offenbarung nicht anerkennen werden, so wird sie sich trotzdem über die Menschheit ausbreiten.»[98]

Anhang I

Zum Artikel von Michael Klußmann «Das Rätsel der Geburt» und zur Frage der Rudolf Steiner zugeschriebenen Äußerungen über Kaspar Hauser

Leider ist das Kaspar-Hauser-Bild nicht nur durch den *Spiegel*-Artikel beeinträchtigt worden. Im Anschluß an diesen Artikel hat Michael Klußmann in der Wochenschrift *Das Goetheanum* einen Aufsatz veröffentlicht unter dem Titel «Das Rätsel der Geburt, Mysterium und Mystifikation um Kaspar Hauser».[1] Klußmann ist der Auffassung, daß die Geburt Kaspar Hausers nun «wieder ein Rätsel» sei, weil nun mit hoher Wahrscheinlichkeit feststehe, daß er nicht der badische Erbprinz sei. Das Rätsel der Geburt liegt aber nicht in der Tatsache, daß Vater und Mutter unbekannt sind. Erstens wird immer mit allem Nachdruck danach geforscht werden, die physische Abstammung zu klären, wie es auch in Zukunft in bezug auf Kaspar Hauser geschehen wird – und sei es selbst durch eine zukünftige seriöse Geistesforschung. Wesentlich ist zweitens aber, daß mit der Geburt beziehungsweise der Empfängnis jedes Menschen ein Rätsel gegeben ist, weil dadurch die Frage nach dem Ursprung des Menschen aufgeworfen wird. Jeder, der mit dem Schicksal Kaspar Hausers vertraut ist, wird immer im

Bewußtsein tragen, daß es zur Mission des Kindes von Europa gehörte und weiter gehört, auf den übersinnlichen Ursprung des Menschen aufmerksam zu machen. Denn dieser übersinnliche Ursprung realisiert sich in der ersten kindlichen Entwicklung durch den Erwerb von Gehen, Sprechen und Denken, die das Ich dem Leib schicksalsgemäß einprägt. Da wirkt der Geist immer unmittelbar im Menschen, und durch das furchtbare Experiment an dem Kind Kaspar Hauser sollte versucht werden, diese Geist-Wirkung zu unterdrücken, umzulenken, zu beeinträchtigen. Was sich an Kaspar Hauser vollzog, war ein beispielhafter Anschlag auf die Kindes-Natur des Menschen, der aber wegen der in Kaspar Hauser lebenden sieghaften Geisteskraft mißlang. Dieser Kampf wurde durch die geistige Individualität Kaspar Hausers und die in ihm wirkenden Geisteskräfte entschieden. Da spielt die Abstammung tatsächlich keine Rolle. Spirituell gesehen sind alle Menschen elternlos, sie stammen ab von ihrem eigenen Ich, dessen Inkarnationen und den damit verbundenen Schicksalen.

Klußmann scheint der Meinung zu sein, daß sich das Mysterium der Geburt nur mit dem Unbekanntsein der Abstammung verbinden kann. Aber dieses Mysterium bildet zu irgendeiner Abstammung, die es schließlich doch geben muß, keinen Widerspruch, es ist auch kein mit der Abstammung in Konkurrenz stehender Impuls. Auf Grund dieser Ansicht, die im übrigen nicht näher begründet wird, akzeptierte wohl Klußmann schon vor Bekanntwerden der Gen-Analyse das Ergebnis der Kaspar-Hauser-Forschung hinsichtlich des badischen Prinzentums nicht. Er spricht zuvor unter anderem davon, daß «ein entsprechendes Verbrechen im Jahre 1812 in Karlsruhe geschehen sein muß»[2], er erwähnt aber die doch gravierende Tatsache nicht, daß Kaspar Hauser 1833 als der badische Thronfolger ermordet wurde – wofür oben schon entscheidende Gründe genannt wurden –, ob er es nun war oder nicht. Die sich daraus ergebenden Konsequenzen und Fragestellungen können nicht einfach übergangen werden. Auf die sich dadurch steigernde Rätselhaftigkeit ist schon oben in der Auseinandersetzung mit dem *Spiegel*-Artikel hingewiesen worden.

Für seine Ablehnung des badischen Prinzentums Kaspar Hausers bemüht Klußmann auch Daumer. Dieser hat sich einmal (1859) einschränkend gegenüber der von Feuerbach in seinem berühmten geheimen «Mémoire» (1832) vertretenen Ansicht geäußert, in seinem letzten, umfassenden Werk «Kaspar Hauser, sein Wesen, seine Unschuld, seine Erduldungen und sein Ursprung» (1873) – wie es ausdrücklich heißt – identifiziert er sich in dem langen Kapitel «Das sich im Hintergrund bergende Mysterium» ausdrücklich mit dieser Ansicht, im übrigen aus dem einfachen Grunde, weil schon damals das erdrückende Beweismaterial vernünftigerweise keinen anderen Schluß zuließ – so ausdrücklich auch bei Daumer (S. 28f.).[3] Es stimmt traurig und verwirrt die Kaspar-Hauser-Angelegenheit noch mehr, wenn seine Freunde fälschlich gegeneinander ausgespielt werden.

Um seine Ansicht von der Unwichtigkeit oder Ungeklärtheit der Abstammung Kaspar Hausers zu unterstreichen, erwähnt Klußmann einen Aufsatz von Albert Steffen in der Wochenschrift «Das Goetheanum» vom 22. Oktober 1922, «Das Rätsel Kaspar Hauser», in dem die Prinzentheorie als unwesentlich beiseite gelassen wird, weil es

Steffen um «das geistige Wesen, die Entelechie also» geht. Der Aufsatz von Steffen bezieht sich im übrigen auf die damals erschienene Kaspar-Hauser-Biographie von Frieda von Oppeln. Klußmann glaubt nun annehmen zu dürfen, daß Rudolf Steiner bei der Redaktionsbesprechung (woher weiß Klußmann, daß eine solche für den vorliegenden Fall stattgefunden hat?) eine solche Darstellung nicht hätte durchgehen lassen, wenn er sie nicht ausdrücklich billigte.* Daraus glaubt Klußmann schließen zu können, daß Rudolf Steiner die Prinzentheorie ablehnte. Was Steffen darstellte, ist ein durchaus berechtigter, wesentlicher Gesichtspunkt. Aber wer Rudolf Steiner kennt, weiß, daß er daneben ganz andere zu stellen vermochte. Auf diese Weise kann wirklich nichts bewiesen werden, zumal auch noch zu berücksichtigen ist, daß die Kaspar-Hauser-Forschung des 20. Jahrhunderts erst ab 1925 hervortrat, also weder von Rudolf Steiner noch von Albert Steffen damals (1922) beachtet werden konnte. Diese hat zwar nur die Ansicht der Forscher des vorigen Jahrhunderts bestätigt, sie hat aber das Ergebnis durch eine Fülle neuer Fakten so untermauert, daß nicht darüber hinweggesehen werden kann.

Ein Schlag gegen Kaspar Hauser wird von Klußmann dadurch geführt, daß er apodiktisch von einer «angeblich okkulten Mission Kaspar Hausers» spricht, daß er behaup-

* Wenn man Klußmann folgt, billigte Rudolf Steiner aber, daß Albert Steffen über Daumer eine ganz andere Auffassung vertrat als er selbst. Denn Rudolf Steiner sagt, «der nicht hoch genug zu schätzende Professor Daumer hat diesen Fall gut beobachtet» (Nürnberg, 17. Juni 1908), während ihm Albert Steffen «Neigung zum Wunderbaren» und «Schwärmerei» vorhält und schließlich meint, Daumer mache «Kaspar zum Engel».

tet, «diese mit dem Schicksal Mitteleuropas verbundene Mission» lasse sich «durch glaubwürdige Quellen nicht belegen» und sei auch «trotz anders lautenden Behauptungen nicht auf Hinweise Rudolf Steiners zurückzubeziehen».[4] Dem muß von zwei Seiten her entschieden widersprochen werden. Zum einen gibt es – unabhängig von Polzer oder Michaelis – durchaus Hinweise Rudolf Steiners, die von einer okkulten Dimension Kaspar Hausers sprechen, von einer besonderen Konstellation der mit ihm verbundenen spirituellen Kräfte. Ein erster Hinweis Rudolf Steiners bezieht sich auf die Einkerkerung Kaspar Hausers. Das dynastische Verbrechen forderte letztlich als Konsequenz die Ermordung. Daher ist die Einkerkerung aus dem dynastischen Verbrechen schlichtweg nicht erklärbar. Aber: «Die Gegner Kaspar Hausers hätten ihn deshalb nicht schon als Kind umgebracht, weil er sich dann alsbald wieder hätte verkörpern können, und die betreffenden Gegner dies gewußt hätten!»[5] Damit ist klar ein Hinweis auf eine besondere Individualität und ihren Auftrag gegeben, zumal die Erkenntnis der Gegner, wann und wo dieses Kind geboren wird, durchaus okkulte Mittel erfordert. Dieser Ausspruch belegt doch eindeutig, daß Kaspar Hauser von Geburt, eigentlich schon von Vorgeburt an, in einen okkulten Kampf hineingestellt war. Um nichts weiteres zu sagen: Dieser Kampf spielte sich in Deutschland ab.

Ein zweiter Hinweis Rudolf Steiners besagt, «nächst Christian Rosenkreutz habe Kaspar Hauser die Leiden des Christus am stärksten nachempfunden».[6] Dieser Ausspruch verbindet Kaspar Hauser mit dem sich im Verborgenen vollziehenden christlichen Mysterium, die Dimension des

Leidens des Kindes von Europa wird durch einen erhabenen Vergleich verdeutlicht. Wenigstens ahnungsweise sind die an die Grenzen des Ertragbaren herangehenden Leiden nachzuempfinden, die in den überbewußten Wesensschichten Kaspar Hauser in die Nachfolge Christi stellten. Nur eine auserwählte Individualität war einem solchen stellvertretenden Leiden gewachsen.

Ein dritter Hinweis Rudolf Steiners kann in Zusammenhang mit den beiden schon genannten gesehen werden, er geht aber in seiner Konsequenz weit über sie hinaus, indem er Kaspar Hausers Menschheitsbedeutung anspricht. «Wenn Kaspar Hauser nicht gelebt hätte und gestorben wäre, wie er tat, so wäre der Kontakt zwischen der Erde und der geistigen Welt vollkommen unterbrochen.»[7]

Die drei Hinweise sprechen in Beziehung auf Geburt, Schicksal und Tod Kaspar Hausers durchaus von einer durch Kaspar Hauser erfüllten okkulten Mission. Die Beziehung zu der mit dem Schicksal Mitteleuropas verbundenen Mission kann durch die Verbindung mit Christian Rosenkreutz gefunden werden. Denn wenn auch dessen Mission menschheitlich und kosmopolitisch ist, sie setzt doch in Deutschland an und ist die wirkliche Mission Mitteleuropas für die Menschheit. Diese Mission Mitteleuropas hat Rudolf Steiner an zahlreichen Stellen dargestellt; es ist natürlich, Kaspar Hauser damit in Beziehung zu sehen. Im übrigen legt auch der Hinweis Rudolf Steiners auf die Einkerkerung den Gedanken nahe, daß es sich um einen Menschen mit einer besonderen geschichtlichen Mission handeln muß, denn welchen Sinn sollte eine solche Behandlung bei einem x-beliebigen Menschen haben?

Außerdem ist es spirituell notwendig, auch eigene weiterführende Gedanken vorzubringen, die sich nicht nur auf die Autorität Rudolf Steiners stützen, sondern ihre Überzeugungskraft in sich tragen – oder auch nicht. So habe ich schon in meinem Buch «Kaspar Hauser oder das Ringen um den Geist» versucht darzulegen, welche Beziehungen zwischen Kaspar Hauser und dem von Rudolf Steiner genau 99 Jahre nach Kaspar Hausers Geburt in Karlsruhe gehaltenen Zyklus «Von Jesus zu Christus» bestehen.[8] Da fällt ein Licht auf das im Hintergrund stehende Verbrechen, aber auch auf das Verhältnis, das zu dem von Rudolf Steiner damals erstmalig enthüllten Mysterium der Auferstehung als Wiederherstellung des ursprünglichen Phantoms des Menschen besteht.

Zudem kann gezeigt werden, daß eine Reihe von Menschen, die nicht mit der Anthroposophie in Beziehung standen, die tiefgehende Verbindung Kaspar Hausers mit dem Schicksal Mitteleuropas gespürt und dargestellt haben, wovon in dem Kapitel «Die Tragödie des deutschen Volkes» die Rede war. Es handelt sich vor allem auch um Vorgänge, die erst im Laufe des 20. Jahrhunderts offenbar geworden sind, für die also die Autorität Rudolf Steiners gar nicht in Anspruch genommen werden kann oder sollte. Es bringt eine befremdliche Ignoranz zum Ausdruck, wenn so getan wird, als ob alle diese Darstellungen überhaupt nicht existierten. Den Lesern wird ein unzutreffendes Bild vermittelt. Wenn man diesen Darstellungen nicht folgen kann oder will, so ist es doch ein Gebot der Fairneß, sie nicht einfach totzuschweigen.

Im weiteren stellt Klußmann dem von ihm dargestellten Mysterium der Geburt Kaspar Hausers die von ihm so genannte «Priesterkönig-Mystifikation» gegenüber. Der Ausdruck «Mystifikation» soll hier den Verlust der Mysterien markieren, den die betreffenden Autoren dadurch erleiden, daß sie Mephisto – hier klassisch als Phorkyas auftretend – auf den Leim gegangen sind. Durch den so von Klußmann neu eingeführten Begriff der Mystifikation sollen alle diejenigen herabgesetzt und bloßgestellt werden, die sich aufgrund der als sicher angenommenen badischen Abstammung Kaspar Hausers Gedanken über einen möglichen Verlauf der deutschen Geschichte im 19. Jahrhundert gemacht haben. Besonders hart geht Klußmann dabei mit Karl Heyer ins Gericht. Er will nachweisen, daß Heyers Gedanke, durch die Individualität Kaspar Hausers habe «ein neues Priesterkönigtum begründet werden sollen», falsch ist.[9] Dazu führt er auf Grund des Vortrags von Rudolf Steiner vom 13. Januar 1917 an, daß das alte Priesterkönigtum im 20. Jahrhundert, besonders seit 1917, seit dem Impuls der Dreigliederung des sozialen Organismus, abgelöst werden wird von dem Politiker als säkularem Menschen, der für seine Handlungen der moralischen Intuitionen bedarf – was sich freilich bis jetzt nur in den wenigsten Exemplaren verifiziert hat. Klußmann glaubt nun, daß Heyer, indem er Kaspar Hauser mit dem Priesterkönigtum in Verbindung bringt, etwas völlig Unmögliches, Unsinniges hinstellt. Da kann man nur staunen. Denn Kaspar Hauser ist doch eine Gestalt des 19. Jahrhunderts, des ausgehenden gabrielischen Zeitalters. Denkbar wäre eine *Vorbereitung* der sozialen Dreigliederung, nicht diese selbst, die sich aus dem Schwellengang der Menschheit im 20. Jahrhundert ergibt. Warum ist es unmöglich, daß sich in einem Menschen, durch dessen Individualität selbst, das

Priesterkönigtum wie zum Abschied und Übergang erneuert, wobei dies zwar an die damals gerade noch bedeutende Abstammung anknüpft, seinen Inhalt aber allein durch das Ich erhält. Man muß Heyers Gedanken nicht unbedingt folgen, man muß aber zugestehen, daß zwischen den staatlichen und sozialen Formen am Ende des Ersten Weltkriegs und den Impulsen der sozialen Dreigliederung ein solcher Abgrund bestand, daß dies *ein* Grund dafür ist, daß diese Bewegung nicht Fuß fassen konnte. Man übersieht dabei vor allem, daß der alte, überholte Machtgedanke des Einheitsstaates vollkommen etabliert war, so daß die Dreigliederungsbewegung, die zumindest auf eine Einschränkung der staatlichen Macht abzielte, dagegen in den Gemütern nicht ankam. In Kaspar Hauser als badischem Thronfolger kann man aber aufgrund seiner Individualität durchaus einen Menschen sehen, der im Umgang mit der Macht ein anderes Vorbild hätte setzen können.

Indem Klußmann das vermeintlich Falsche der Heyerschen Gedanken darlegt, will er damit zugleich auch belegen, daß solche Gedanken nicht von Rudolf Steiner stammen können. Der nächste Schritt besteht dann darin, dadurch zu «beweisen», daß der Text, der als Notizen von Ludwig Graf Polzer-Hoditz vom November 1916 veröffentlicht worden ist, eine Fälschung sein muß.[10] Dabei unterläuft Klußmann ein erstaunlicher Fehler. In diesem Text ist nämlich von einem Priesterkönigtum – das mag Heyers Interpretation des Textes sein – nicht die Rede. Es heißt dort nur: «Süddeutschland hätte werden sollen die neue Gralsburg der neuen Geistesstreiter und die Wiege künftiger Ereignisse.» Diese neue Gralsburg ist doch wohl zu verstehen als ein imaginativ-spirituelles Gebilde, das der unsichtbaren Welt angehört und ein geistiges Band darstellt zwischen den «Geistesstreitern». Damit in Zusammenhang kann man die Stellung eines Parzivals durchaus in einem Sinne sehen, die dem Individualitätsprinzip Rechnung trägt. Warum wird hier verschwiegen, daß in dem überlieferten Text etwas angesprochen wird, was damals in vielen tragisch-unglücklichen Seelen lebte, wie Ludwig II., Schröer, Daumer und vielen anderen, worauf Heyer in dem Kapitel «Heimatlose Seelen» hinweist. Jedenfalls ist festzuhalten, daß auf diese Weise nicht das zu beweisen ist, was bewiesen werden soll. Da man der Heyerschen Interpretation des Textes nicht unbedingt folgen muß, sie eben als Interpretation zu nehmen ist, läßt sich auf diese Weise eine Fälschung des Textes, das heißt hier nur, daß er keine Gedanken von Rudolf Steiner enthält, gewiß nicht nachweisen.

Klußmann verkennt und verzeichnet in grober Weise die Intentionen der Autoren, die in der Möglichkeitsform, die gewiß gefährlich ist, über den geschichtlichen Einfluß Kaspar Hausers nachgedacht haben, indem er ihnen unterstellt, «der Besetzergeist des frömmelnden Bilderdienstes» habe «das Bewußtsein überrumpelt».[11] Abgesehen von der Diskriminierung, die in diesen und ähnlichen Formulierungen liegt, ist das Verfehlte vor allem darin zu sehen, daß von einem «Bilderdienst» nicht gesprochen werden kann, wenn bestimmte Gedanken vorgebracht werden. Das Gedankenelement aber ist ein freilassendes, es stützt sich nicht auf Formen des religiösen Bewußtseins, es ist nicht besetzt und will nicht besetzen. Im Ringen um das Verstehen einer so vielschichtigen Wesenheit wie Kaspar Hauser mag es zu Irrtümern kommen, dies rechtfertigt aber nicht Unterstellungen, die weit über den Hinweis auf einen etwaigen Irrtum hinausgehen.

Da Klußmann die Heyersche These vom Priesterkönigtum Kaspar Hausers für verfehlt hält, glaubt er, daß alle Überlieferungen oder Quellen, auf die Heyer sich bezieht, falsch sein müssen. Er geht dabei so weit, daß er Heyer der Unwahrheit bezichtigt, wenn dieser bemerkt, «daß das, was wir hier wiedergeben, aus einer *anderen* Quelle stammt als die bisher mitgeteilten Aussprüche Rudolf Steiners über Kaspar Hauser, mit denen es sich ergänzt und in vollkommener Übereinstimmung steht».[12] Meines Erachtens kann Klußmann tatsächlich gar nicht beurteilen, ob Heyer ein oder zwei Quellen zur Verfügung standen. Ein derartig gravierender Vorwurf – es geht schließlich um die angeblich bewußte Lüge eines angesehenen anthroposophischen Forschers – kann nur gemacht und spirituell verantwortet werden, wenn er einwandfrei nachgewiesen werden kann, was hier durchaus nicht der Fall ist. Man mag die dezidierte Angabe Heyers in Zweifel ziehen, alles weitere ist eine Grenzüberschreitung. Warum genügt es Klußmann nicht, seine Ansicht der von Heyer gegenübergestellt zu haben?

Ein besonderes Problem der anthroposophischen Kaspar-Hauser-Literatur stellen die Aufzeichnungen dar, die unter dem Namen Ludwig Graf Polzer-Hoditz von Paul Michaelis verbreitet wurden. Mir selbst sind diese Aufzeichnungen 1975 aufgrund meiner Kaspar-Hauser-Vorträge zugekommen. Über diese Aufzeichnungen habe ich in meinem Kaspar-Hauser-Buch 1980 geschrieben: «Sie [die Aufzeichnungen] bildeten nicht den Ausgangspunkt, sondern sie fügten sich wie selbstverständlich in die Arbeit ein.»[13] Zum Verständnis der Sachlage sei daran erinnert, daß

Graf Polzer-Hoditz, der 1945 starb und mit all dem direkt nichts zu tun hat, seinen literarischen Nachlaß Paul Michaelis vererbte. Dieser verbreitete – ab 1950? – Texte, die als Tagebuchaufzeichnungen oder Notizen von Gesprächen mit Rudolf Steiner bezeichnet wurden. Hier kann nur auf das eingegangen werden, was mit Kaspar Hauser und damit in Verbindung stehenden Fragen zusammenhängt. Diese Texte sind wohl zunächst als Originale, als authentisch angesehen worden. Inzwischen versucht man sie in toto als Fälschung von Paul Michaelis hinzustellen.[14] In Bausch und Bogen wird alles als Fälschung bezeichnet, die moralische Entrüstung über das Vorgehen von Paul Michaelis und ein merkwürdiger Übereifer lassen eine differenzierende Betrachtung kaum zu. Denn zwischen Original und Fälschung muß als Verfälschung das gesucht werden, was wirklich vorliegt. Offensichtlich konnte doch Paul Michaelis auf mündliche und schriftliche Äußerungen von Ludwig Polzer-Hoditz zurückgreifen. Das ist nicht zu bestreiten. Aus Motiven, die Paul Michaelis – oder auch noch andere Personen, die daran beteiligt waren – vor der geistigen Welt zu verantworten hat, sind diese von Ludwig Polzer-Hoditz selbst oder von Paul Michaelis stammenden Texte später mehr oder weniger verändert oder ergänzt worden. Es handelt sich also im ganzen um eine Verfälschung, um eine Manipulation an vorhandenem Textmaterial. Eine Fälschung ist aber eine Erfindung, was stellenweise auch zutreffen mag. Durch nichts ist aber bewiesen, daß Paul Michaelis – oder wer auch immer – die Aufzeichnungen von A bis Z erfunden hat. Das macht die Sache schwieriger, weil die Aussagen im einzelnen auf ihren Sinn und ihren Wahrheitsgehalt zu prüfen sind. Das hat Karl Heyer gewiß auch in bezug auf die so überlieferten Aussagen über Kaspar Hauser getan. Er hat aus einem Vertrauensverhältnis zu Paul Michaelis an eine Verfälschung nicht zu denken vermocht. Darüber mag jeder urteilen, wie er es verantworten kann. Es ist, wie sich im Anhang II zeigen wird, auch fraglich, ob bezüglich der Kaspar-Hauser-Frage überhaupt von einer Verfälschung gesprochen werden kann.

An einem Beispiel soll die Schwierigkeit einer Urteilsbildung erläutert werden. Klußmann zitiert aus einem – neu entdeckten – Brief Polzers vom 12. Januar 1943, in dem es heißt: «Leider habe ich keinerlei historische Kenntnisse von der Umgebung C. Hausers. Habe mich niemals besonders für dieses Problem interessiert.»[15] Daraus zieht Klußmann nun den Schluß, «daß alle in dieser Sache Rudolf Steiner zugeschriebenen Aussagen Fälschungen von Paul Michaelis oder einer anderen Person sind». In dem Brief heißt es aber weiter, er (Polzer) habe das Problem Kaspar Hauser «nur so aufgenommen, daß die S. J. mit seinem merkwürdigen Heranwachsen ein Experiment anstellen wollte, um dieses dann in ihre Methoden einzubeziehen». Mit dem Satz: «Dieser Hinweis Polzers belegt ein eher peripheres Wissen um diese Zusammenhänge» übergeht Klußmann die hier doch unvermeidlichen Fragen: Geht die gravierende Aussage über das Experiment, das die Jesuiten mit Kaspar Hauser angestellt haben, auf eine Äußerung Rudolf Steiners zurück oder nicht? Steht sie in Beziehung zu dem Hinweis, daß sich Kaspar Hauser schnell wieder hätte inkarnieren können, wenn man ihn als Kind getötet hätte? Und vor allem: Diese Angabe findet sich bis hin zu dem Wort «Experiment» und dem Hinweis auf die Jesuiten in einer längeren Ausführung im ersten Teil der Notizen vom

November 1916, die Polzer zugeschrieben werden. Wer diesen gedanklichen Zusammenhang nicht sieht oder zugeben will, macht sich gegenüber dem durch die Texte gegebenen Sachverhalt blind. Weshalb Klußmann nicht selbst auf diesen offenkundigen Zusammenhang hinweist, ist wohl nur dadurch zu erklären, daß es seiner Auffassung von der totalen Fälschung widerspricht.

Es soll auch nicht verschwiegen werden, daß das, was Polzer in dem Brief über Kaspar Hauser geschrieben hat, als eine der möglichen Antworten auf die Frage: «Woher kam Kaspar Hauser?» angesehen werden kann. Diese Frage aber stammt aus dem Gespräch, das unter dem 3. März 1925 überliefert wird und als solches auch stattgefunden hat. Es mag sein, daß Polzer selbst die Bedeutung dieser Aussage nicht voll erfaßte und sie deswegen nicht weiter verfolgte. Das hebt aber ihr Gewicht für eine Erkenntnis des Kaspar-Hauser-Schicksals nicht auf. Zwei Gedanken sind es doch, die in einzigartiger Weise Kindheit und Einkerkerung Kaspar Hausers erhellen: das erwähnte Experiment und die Möglichkeit der Reinkarnation. Wer sich mit Kaspar Hauser beschäftigt hat, weiß, daß durch diese Gedanken Dinge verständlich werden, die bis dahin völlig rätselhaft waren. Wer auch immer uns diese Erkenntnis gebracht hat, man muß ihm dafür dankbar sein. Ich selbst allerdings halte dafür, daß diese Erkenntnisse in ihrer Substanz auf Rudolf Steiner zurückgehen.

An einem weiteren Beispiel soll gezeigt werden, wie wichtig die Unterscheidung von Fälschung und Verfälschung ist. In dem Beitrag «Zu den sogenannten Polzer-Hoditz ‹Aufschreibungen›» von Heinz Matile und Andreas Meister wird behauptet, daß durch den Brief von Polzer-Hoditz vom 12. Januar 1943 «der Fälschungscharakter der sogenannten ‹Aufschreibungen› mit aller Deutlichkeit dokumentarisch nachgewiesen werden konnte».[16] In bezug auf die Aussage über Kaspar Hauser, die Polzer-Hoditz in dem Brief macht, ist schon oben darauf aufmerksam gemacht worden, daß sie mit einer wesentlichen Aussage in den Notizen von 1916 korrespondiert, also die dortigen Ausführungen mehr belegt als widerlegt.

Hier soll nun dargelegt werden, daß die Dinge in bezug auf das schicksalhafte, vermächtnishafte Gespräch zwischen Rudolf Steiner und Polzer-Hoditz am 3. März 1925 keineswegs so einfach liegen, wie sie dargestellt werden. Polzer-Hoditz blickt in seiner Aufzeichnung von 1943 «In memoriam Ita Wegman» auf dieses letzte Gespräch mit Rudolf Steiner zurück und erwähnt drei Aufgaben, «die uns Rudolf Steiner vor seinem Weggang stellte», was sich im Kontext nur auf den 3. März 1925 beziehen kann, vor allem deswegen, weil das Problem der beiden Johannesse genannt wird, das Rudolf Steiner so erst in seiner letzten Ansprache vom 28. September 1924 angesprochen hatte. Über die drei Aufgaben schreibt Polzer-Hoditz: «Daß der Demetrius von Schiller unvollendet blieb, bedrückte mich und ließ meine Sehnsucht nicht schweigen, daß er aus anthroposophischen Kenntnissen neugeschrieben werden sollte. Die letzte Ansprache, die Rudolf Steiner hielt, in welcher er das große esoterische Problem der beiden Johannes' anregte, war auch eine Aufgabe, die er uns zurückließ. Sie beschäftigte mich immer wieder. Die dritte Aufgabe schien mir das Verhältnis des Jesus-Ich zu Christian Rosenkreutz zu sein. Alles

Aufgaben, die uns Rudolf Steiner vor seinem Weggang stellte. Bei allen hatte man die Gegnerschaft der S.J. zu überwinden.»[17]

Dem steht der überlieferte Text gegenüber, dessen Herkunft im Anhang II geklärt wird: «Dann sprachen wir über die Bestrebungen römischer und westlicher Logen, und mit größtem Ernst betonte Herr Doktor, daß drei Aufgaben zu lösen seien, deren Ergebnisse für die Zukunft von ganz besonderer Wichtigkeit seien:

1. Die Frage nach den beiden Johannessen.
2. Wer war Demetrius?
3. Woher kam Kaspar Hauser?»[18]

Als Kommentar dazu wird von Matile/Meister nur lapidar festgestellt: «Hätte Rudolf Steiner diese Aussage tatsächlich gemacht, wäre sie von Polzer-Hoditz 1943 auch in dieser Form zitiert worden.» Das ist eine Annahme, nichts anderes als eine reine Behauptung, bei der ungeklärt unterstellt wird, daß sich ein Mensch nach 18 Jahren noch haargenau an alle Einzelheiten eines Gesprächs erinnert. Das widerspricht aller Lebenserfahrung mit Erinnerungen, die nicht auf Unterlagen gestützt sind. Auch wird die vorsichtige Formulierung von Polzer-Hoditz gerade in bezug auf die dritte Aufgabe einfach überlesen: «Die dritte Aufgabe *schien* mir ...» Immerhin fällt doch auf, daß die dritte Frage sich einmal auf Christian Rosenkreutz, einmal auf Kaspar Hauser bezieht. Es ist oben die Aussage Rudolf Steiners zitiert worden, die die beiden Individualitäten in bezug auf die Leiden Christi in Verbindung bringt.

Nach dem Tode von Ita Wegman erinnert sich Ludwig Polzer-Hoditz an diese Zukunftsaufgaben, «um die Verbindung mit dem großen Lehrer nicht zu verlieren»[19]. Er hat diese wohl in sich getragen und bewahrt; ob er sie in ihrer Tiefendimension wirklich bewußt erkannt hat, mag offen bleiben. Jedenfalls sah er sich außerstande, selbst weitergehend an diesen Aufgaben zu arbeiten. In seinem hier erstmalig veröffentlichten Brief vom 7.XI.42 schreibt er, daß er einmal vergeblich versucht habe, Schillers «Demetrius» zu vollenden. Man kann es als eine tiefgehende Tragik im Leben von Ludwig Polzer-Hoditz empfinden, daß er selbst mit diesen Fragen nicht weiterkommen konnte. Das erklärt vielleicht auch, warum er sich bei der Niederschrift von «In memoriam Ita Wegman» nicht an Kaspar Hauser erinnert, weil er sich «niemals besonders für dieses Problem interessiert» hat. Daraus sollte nicht geschlossen werden, daß Rudolf Steiner nicht davon gesprochen hätte, denn Ludwig Polzer-Hoditz hat die von Paul Michaelis verfaßten Tragödien «Demetrius» und «Kaspar Hauser» mit großer Begeisterung aufgenommen, wobei Paul Michaelis schreibt, daß er die Anregung zu diesen Werken durch Ludwig Polzer-Hoditz empfangen habe, der ihm von seinem Gespräch mit Rudolf Steiner vom 3. März 1925 und den dabei gestellten Aufgaben berichtet habe, wie im Anhang II belegt wird.

Jenseits dieser leidigen Textüberlieferungsfragen sei aber daran erinnert, daß die drei Fragen durch die angesprochenen Individualitäten spirituell tatsächlich zusammenhängen, daß unabhängig von irgendwelcher autoritativen Berufung gezeigt werden kann, wodurch sich diese Individualitäten aufeinander beziehen und wie sie mit Christian Rosenkreutz und seinen spirituellen Zielsetzungen in Verbindung stehen. Durch die Beschäftigung mit solchen Fragen kann ein Beitrag zum Verständnis von Gegenwart und Zukunft geleistet werden, wie ich dies in drei Schriften zu zeigen versucht habe, wobei ich bemerken möchte, daß der Impuls zu diesen Arbeiten nicht in äußerlicher Weise durch die überlieferten Texte zustande gekommen ist.[20]

Es ist oben schon auf die eine Bedeutung der Äußerung von Polzer-Hoditz über Kaspar Hauser in dem Brief vom 12. Januar 1943 hingewiesen worden. Falls man zugestehen kann, daß diese Bemerkung in ihrem Inhalt auf Rudolf Steiner zurückgeht, dann ergeben sich daraus zumindest zwei weitere Schlüsse, und es bleibt erstaunlich, daß diese Briefstelle von Polzer-Hoditz bisher nicht gewürdigt worden ist.

Zum einen wird damit die auch in den überlieferten Texten erwähnte Beziehung des Kaspar-Hauser-Falles zu den Jesuiten belegt. Durch deren Kontrastellung zu den Rosenkreuzern wäre er dann auch mit diesen verbunden.[21]

Zum anderen beinhaltet das «Experiment» durchaus den «Kriminalfall», auch wenn Heinz Matile und Andreas Meister angeben, daß «Steiner in den überlieferten Aussagen zum ‹Kriminalfall› Kaspar Hauser gerade nicht Stellung nimmt».[22] Das «Experiment» ist aber ein Kapitalverbrechen, schon Feuerbach gab die verschiedenen Strafgesetzbuchparagraphen wie Kindesraub, widerrechtliche Gefangennahme usw. an, Verbrechen, die damals übrigens mit der Todesstrafe geahndet wurden. Die Aussage in dem neu entdeckten Polzer-Hoditz-Brief ist in ihrer Bedeutung nicht erkannt und gewürdigt worden.

Auf eine merkwürdige Denkweise sei am Ende noch hingewiesen. Klußmann und die Autoren des Beitrags im «Nachrichtenblatt» nehmen das vom *Spiegel* vorgebrachte

Ergebnis der Genanalyse als Realität. Daraus schließen sie, daß Rudolf Steiner nicht gesagt haben könne, daß Kaspar Hauser der badische Erbprinz sei; und daraus wiederum wird gefolgert, daß alle Angaben, die Rudolf Steiner mit dem Erbprinzentum Kaspar Hausers in Beziehung bringen, Fälschungen sein müssen. Dabei wird die ganze oben ausgeführte Problematik der Sache übergangen. Auf so fragwürdigem, noch ungeklärtem Boden können doch unmöglich so sichere und – wie es ausdrücklich heißt – «vernichtende» Beweise gebaut werden. Die Eilfertigkeit, mit der man sich einem autoritativen Urteil anschließt, das im weiteren – wie gezeigt wurde – eine üble Tendenz von Häme, Zynismus und Spott zu erkennen gibt, befremdet, zumal nichts zur Lösung des Rätsels beigetragen wird. Warum gibt man mit keinem Wort zu erkennen, daß man die Geistesart, aus der heraus dieser Artikel – unbeschadet seiner Aussagekraft – geschrieben ist, durchschaut?

Auch wird in diesem Zusammenhang nicht bemerkt, daß Kaspar Hauser, wenn er denn nicht der berechtigte Thronerbe gewesen sein sollte, dadurch in eine besondere, neuartige Beziehung zu Demetrius träte, sofern man jedenfalls mit der Mehrheit der Forscher annimmt, daß Demetrius nicht der Sohn Iwans des Schrecklichen war. Dann hätte man zwei jugendliche Persönlichkeiten mit Thronansprüchen, nicht wegen ihrer Abstammung, sondern wegen der Kräfte und der Umstände, die allein in ihrer Individualität und in ihrem Schicksal begründet liegen. Dieser Gedanke wird nur angeführt, um zu zeigen, welche Beziehungen zwischen den Gestalten gesehen werden können.

Wenn die überlieferten Texte im Hinblick Beziehung auf Kaspar Hauser und die drei Fragen oder Aufgaben als reine

Fälschungen bezeichnet werden, so schießt man damit in diesem Zusammenhang über das Ziel hinaus. Den bestehenden Zweifeln an der geistigen Autorschaft Rudolf Steiners kann dadurch begegnet werden, daß man – unabhängig von der Beglaubigung durch die Autorität – die Aussagen in ihrem Inhalt auf ihren Sinn und ihren Wahrheitsgehalt hin selbst prüft. Es kann als positiv empfunden werden, wenn diese Aussagen nicht auf Autorität hin, sondern auf Grund einer eigenen Prüfung akzeptiert oder verworfen werden. Kann man sie akzeptieren, wird man eine Autorschaft Rudolf Steiners zumindest für möglich halten, kann man das nicht, wird man an eine Fälschung glauben.

Ich will hier meine Ansicht darüber anfügen, weshalb Rudolf Steiner sich mit Äußerungen über Kaspar Hauser sehr zurückgehalten hat, auch wenn ich betone, daß einige gravierende derartige Bemerkungen vorliegen. Der eine Grund scheint mir darin zu liegen, daß bis zum Ende der Monarchie in Deutschland (November 1918) über eine derartig brisante dynastische Angelegenheit kaum gesprochen werden konnte. Die Verfolgungen der badischen Polizei gegenüber der Veröffentlichung des «Mémoire» von Feuerbach im 19. Jahrhundert sprechen da Bände. Anders hätte es vielleicht ausgesehen, wenn Prinz Max von Baden auf den Thron gekommen wäre und seine Absicht verwirklicht hätte, die Gebeine Kaspar Hausers von Ansbach in die Pforzheimer Fürstengruft der Zähringer zu überführen.

Der tieferliegende Grund liegt für mich aber in der vielschichtigen Tatsache, daß der Kaspar-Hauser-Fall zu Lebzeiten Rudolf Steiners – und in einem gewissen Sinne weiterhin – spirituell nicht abgeschlossen war und ist. Denn es wurde ja darauf hingewiesen, daß erst mit dem Jahr 1933 die tragische Dimension des Kaspar-Hauser-Schicksals deutlicher geworden ist.[23] Da diese weltbewegenden Vorgänge für Rudolf Steiner noch in der Zukunft lagen, war für ihn größte Zurückhaltung geboten, zumal wenn man bedenkt, in welchen Dimensionen er das Jahr 1933 sah.[24]

Indem von dem Kaspar-Hauser-Fall alles entfernt werden soll, was nicht durch direkte, belegbare Äußerungen Rudolf Steiners als Autorität gestützt wird, wird die Kaspar-Hauser-Angelegenheit in unerträglicher Weise verharmlost und vernebelt. Das mag von den Autoren nicht beabsichtigt sein, es ergibt sich aber als fatale Folge aus ihrem Vorgehen. So ist Kaspar Hauser ein Kriminalfall wegen seiner Einkerkerung und seiner Ermordung, unabhängig von irgendeiner Aussage Rudolf Steiners darüber. Feuerbach war sogar der Ansicht, daß ein solcher Kriminalfall nur in Jahrtausenden einmal vorkäme. Auch war das Ganze ein Politikum erster Klasse, ob nun Rudolf Steiner von einer «politischen Mission» gesprochen hat oder nicht. Das Schicksal einer oder vielleicht sogar aller deutschen Dynastien hätte in den dreißiger Jahren des vorigen Jahrhunderts auf dem Spiel gestanden, wenn Kaspar Hauser – berechtigt oder unberechtigt – als badischer Thronprätendent aufgetreten wäre. Die Existenzangst der verunsicherten badischen Regierung und der Herrscherwille der Großherzogin Sophie waren – jedenfalls im Vordergrund der geschichtlichen Vorgänge – die Motive, die zur Ermordung Kaspar Hausers führen. Warum ist es so schwierig, die fundamentale Tatsache, daß Kaspar Hauser als badischer Thronfolger sterben mußte, stehen zu lassen? Es ist tragisch, zu erleben, daß das berechtigte Streben, Klarheit über die Äußerungen Rudolf Steiners zu Kaspar Hauser zu gewinnen, durch die Art und Weise des Vorgehens dazu führt, daß wieder einmal Kaspar Hauser der Leidtragende ist.

Anhang II

Neue Quellen zu den Aussagen Rudolf Steiners über Kaspar Hauser:

- *Der Entwurf der Einleitung von Paul Michaelis zu seiner Kaspar-Hauser-Tragödie*
- *Briefstellen von Ludwig Polzer-Hoditz aus den Jahren 1942–1943*

Es war möglich, die im Archiv am Goetheanum vorhandenen Teile des Nachlasses von Paul Michaelis einzusehen. Dieser enthält eine Reihe von Briefen Ludwig Polzer-Hoditz' an Michaelis. Außerdem fand sich darunter eine maschinengeschriebene Seite aus dem Entwurf einer Einleitung zu der Kaspar-Hauser-Tragödie von Paul Michaelis. Dieses Werk von Paul Michaelis ist nur als Typoskript vorhanden, unter anderem in der Bibliothek am Goetheanum. Bei der vorliegenden Einleitung scheint es sich um einen Entwurf zu handeln, denn die Einleitung ist in dem Exemplar des Typoskripts in der Bibliothek des Goetheanum nicht vorhanden.

Es ist höchst erstaunlich, daß diese Einleitung bisher nicht bekannt geworden ist, denn sie enthält die Darstellung von Paul Michaelis, wie ihm von Ludwig Polzer-Hoditz die drei Fragen aus dem Gespräch mit Rudolf Steiner mitgeteilt worden sind. Es ist dies die erste und ursprüngliche Quelle, die im Sommer 1943 geschrieben wurde, in dem Paul Michaelis seine Kaspar-Hauser-Tragödie vollendete. Ein Zweifel daran, daß es sich um eine Original-Quelle handelt, besteht nicht. Der Zeitpunkt der Niederschrift ist insofern bedeutungsvoll, als zu dieser Zeit die später vermuteten Absichten noch nicht bestanden haben können.

Dieser Quellenfund bestätigt das im Anhang I Vorgebrachte vollauf. Der eine Satz aus dem Brief von Ludwig Polzer-Hoditz vom 12. I. 1943: «Leider habe ich keinerlei historische Kenntnisse von der Umgebung C. Hausers» ist in dem Sinne überinterpretiert worden, daß mit ihm der «dokumentarische Beweis» für die Fälschung von Paul Michaelis vorliege. Tatsächlich besagt der Satz im Zusammenhang des ganzen Vorgangs nur das, was er ausspricht, nämlich daß Polzer-Hoditz «keinerlei historische Kenntnisse der Umgebung C. Hausers» hatte. Der nachfolgende Satz, der sich auf das Experiment bezieht, das die Jesuiten mit Kaspar Hauser anstellen wollten, zeigt aber deutlich, daß Polzer-Hoditz durchaus das Wesentliche, die entscheidende spirituelle Bedeutung, bewußt und gegenwärtig ist. Wegen der großen Bedeutung dieser Quelle wird ihr erster Teil hier im Faksimile wiedergegeben:

"Kaspar Hauser"   Sommer 1943

Vor= und Nachworte zu einer dichterischen Arbeit sind mir ein Greul und wie eine Sünde wider den Geist der Tragödie.Wenn ich dennoch hie eine kurze Einleitung gebe,so geschieht es unter dem Gesichtspunkt einer rein historischen und biographischen ErläuterungSchon in frühs Jugend hatte ich von K.H.gehört und das so geheimnisvolle Schicksal dieses Knaben berührte mich tief.Dann,in den 20ger Jahren,kam mir das Gedicht von Stef.Zweig zu Gesicht"Kam ich zu früh,kam ich zu spät, sprecht für den armen K.H.ein Gebet.."Von diesem Augenblick an hat mich eigentlich das Schicksal K.H.wie ein Alp bedrückt,wie ein kla= gender,anklagender Schatten verfolgt.Was ich auftreiben konnte an Literatur über K.H.wurde gradezu fiebernd verschlungen und immer weiter suchte ich,in der Hoffnung,irgendwo die Lösung dieses Rätsels zu finden.Alles aber schien mir nur noch mehr zu verdunkeln und auszu löschen das tatsächliche Schicksal dieser Persönlichkeit.Und genau 21 Jahre später dann kam mir des Rätsels Lösung im Gespräch mit dem Grafen L.P.H.,einem der intimen Schüler Dr.Rudolf Steiners.Noch am 3.März 1925,also unmittelbar vor Dr.Steiners Tod,hatte Graf Polzer eine sehr bedeutsame Unterredung mit Dr.St.Nachdem über bestimmte Schwierigkeiten innerhalb der Gesellschaft gesprochen worden war,kam das Gespräch über Nero,Agrippina,Seneca auf den Kronprinzen Rudolf und dann auf die Bestrebungen römischer und westlicher Logen und in diesem Zusammenhang habe Dr.St.mit größtem Ernst betont,daß 3 Aufgabe zu lösen seien,deren Ergebnis für die Zukunft von ganz besonderer Wichtigkeit sind.1.Die Frage nach den beiden Johannessen
2.Wer war Demetrius und 3.Woher kam Kaspar Hauser?

Bei allen drei Problemen sei es von besonderer Wichtigkeit,daß die Blickrichtung nicht auf den Tod hin gewählt würde,sondern auf die Geburt hin.Woher kamen sie und mit welchen Aufgaben?
Jene Individualität,die hinter dem K.H.Schleier verhüllt wurde,sei eine Wesenheit,welche inspirierend in den Rosenkreuzer-Zusammenhängen seit Anfang an gewirkt habe und sich dann inkarniert habe am 29.Sept. 1812 als erster Sohn des bad.Großherzogs Karl Ludwig und seiner Gemahlin Stefanie von Beauharnais.Er habe eine wichtige Mission des esot.Christentums zu erfüllen gehabt.
Wenn man nun den Blick auf die Schwelle des 18./19.Jahthunderts rich= tet,so bedarf es ja wirklich keiner besonderen Fähigkeit,um festzu= stellen,wie um jene Zeit hier in Süddeuschland sich alle die Indivil. innerhalb eines relativ kurzen Zeitabschnittes verkörpern,die dann für das gesamte Geistesleben der Mitte wie repräsentativ dastehen. Goethe,Schiller,Hölderlin,Herder u.s.w.Und in diese so vorbereitete Atmosphäre kam am Michaeli-Tage des Jahres 1812 K.H. Am Pfingsttage seines 17.Lebensjahres taucht er in Nürnberg auf.Am 30.März 1830, also in der Osterzeit hätte er die Thronfolge übernehmen müssen.Mit 18 Jahren.Drei Jahre später,also mit 21 Jahren,wird er dann in Ansbac in der Adventszeit 1833 überfallen und stirbt an der erhaltenen Wunde

Karl-Friedrich,Markgraf von Baden-Durlach war mit einer schwed.Prinz. vermählt,aus dessen Ehe drei Söhne geboren werden.
Ein Sohn stirbt mit 27 Jahren plötzlich unter heftigen Fiebererschein
Der älteste Sohn bei einem Wagenunfall in Arboga in Schweden
Der dritte und unverheiratet gebliebene Sohn Ludwig-Karl ist 2o Jahre alt,als sein Vater Karl Friedrich sich im 65 Jahre mit Karoline, Freiin Geyer von Geyersberg morganatisch trauen läßt.Auch Karoline ist 2o Jahre alt bei ihrer Trauung.
Der Sohn des in Schweden verunglückten Thronfolgers,Enkel Karl Friedr Markgraf Karl Ludwig vermählt sich 18o6 mit Stefanie v.Beauharnais, der Tochter des Comte Claude de Beauharnais,Ehrenritter und Pair von Frankreich.Sie wird durch Napoleon zur Tochter Frankreichs erhoben. Aus dieser Ehe stammen zwei Söhne und drei Töchter.Die beiden Söhne sterben kurz nach der Geburt 1812 und 1817,während die Töchter gesund bleiben und ein hohes Alter erreichen.
1817 wird die Sukzession der Hochberg durch Metternich bestätigt
1819 vom Kaiser und durch die Bundesfürsten anerkannt.
18o1 Luneviller Frieden: Kurfürst;18o3 Herzog;18o6 Großherzog

Faksimile 1

Damit dürften alle Behauptungen widerlegt sein, daß diese drei Fragen weder auf Rudolf Steiner noch auf Ludwig Polzer-Hoditz zurückgingen. Man wird nicht mehr – wie oben angedeutet – von einem «dokumentarischen Beweis» sprechen können, daß diese drei Fragen nur eine Fiktion von Paul Michaelis seien. Vielmehr ist es tatsächlich so, daß Paul Michaelis offenbar durch das Gespräch mit Ludwig Polzer-Hoditz sowohl zu seinem «Demetrius» als auch zu seinem «Kaspar Hauser» angeregt wurde. Dies ist aus den Briefen von Ludwig Polzer-Hoditz ohne weiteres zu entnehmen. Mit Anteilnahme, ja mit ausgesprochener Begeisterung hat Ludwig Polzer-Hoditz die Dichtungen seines jungen Freundes aufgenommen. Das kann nur als Spiegelung dessen aufgefaßt werden, was Ludwig Polzer-Hoditz Paul Michaelis vermittelt hatte. Dieser hatte wohl das Gefühl, daß sein Freund in seinen Werken etwas von dem erfüllen konnte, was ihm selbst in schmerzlicher Weise versagt geblieben war. So schreibt Ludwig Polzer-Hoditz in seinem Brief vom 7.XI.42, daß er einmal vergeblich versucht habe, Schillers «Demetrius» zu vollenden, «gab es bald auf, es war eben ohne Einsichten wie sie dieselben bekamen, unmöglich». In seinem Brief vom 13.II.43 schreibt Ludwig Polzer-Hoditz ausdrücklich von der Schicksalhaftigkeit der Begegnung, von den Hintergründen in früheren Leben und der schicksalssicheren Verbundenheit. In dem folgenden Brief vom 21.II.43 wird erstmals das vertrauliche Du gebraucht.

In dem Brief aus Baden vom 26.VI.42 heißt es: «Ich freue mich, dass K. H. fertig ist. Was kommt nun?!» Der Brief schließt mit den Worten: «In treuer Verbundenheit Dein Ludwig P. H.»

Von besonderer Bedeutung ist der Brief aus Baden vom 12.9.43, dessen erste Seite hier im Faksimile wiedergegeben wird.

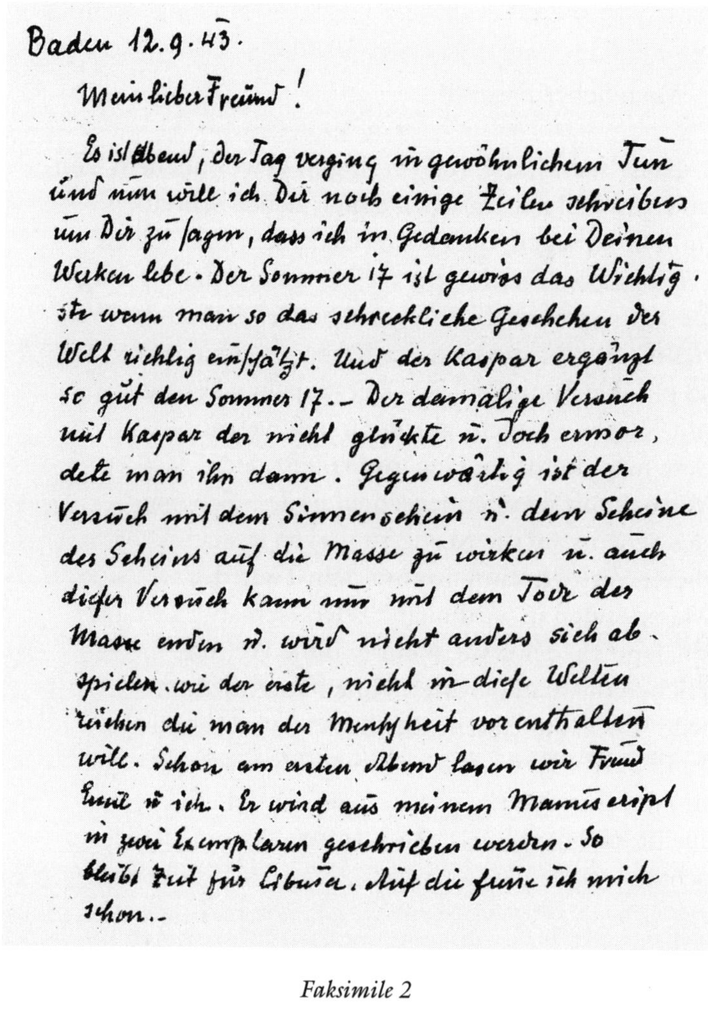

Baden 12.9.43.

Mein lieber Freund!

Es ist Abend, der Tag verging in gewöhnlichem Tun und nun will ich Dir noch einige Zeilen schreiben um Dir zu sagen, dass ich in Gedanken bei Deinen Werken lebe. Der Sommer 17 ist gewiss das Wichtigste wenn man so das schreckliche Geschehen der Welt richtig einschätzt. Und der Kaspar ergänzt so gut den Sommer 17. – Der damalige Versuch mit Kaspar der nicht glückte u. doch ermordete man ihn dann. Gegenwärtig ist der Versuch mit dem Sinnenschein u. dem Scheine des Scheins auf die Masse zu wirken u. auch dieser Versuch kann nur mit dem Tode der Masse enden u. wird nicht anders sich abspielen wie der erste, nicht in diese Welten reichen die man der Menschheit vorenthalten will. Schon am ersten Abend lasen wir Freund Emil u. ich. Er wird aus meinem Manuscript in zwei Exemplaren geschrieben werden. So bleibt Zeit für Libussa. Auf die freue ich mich schon. –

Faksimile 2

[Transkription von Faksimile 2: Brief von Ludwig Graf Polzer-Hoditz an Paul Michaelis vom 12. 9. 1943, S. 1 (Auszug)]

Baden 12.9.43.

Mein lieber Freund!

Es ist abend, der Tag verging in gewöhnlichem Tun
und nun will ich Dir noch einige Zeilen schreiben
um Dir zu sagen, dass ich in Gedanken bei Deinen
Werken lebe. Der Sommer 17 ist gewiss das Wichtig-
ste wenn man so das schreckliche Geschehen der Welt
richtig einschätzt. Und der Kaspar ergänzt
so gut den Sommer 17. – Der damalige Versuch
mit Kaspar der nicht glückte u. doch ermor-
dete man ihn dann. Gegenwärtig ist der
Versuch mit dem Sinnenschein u. dem Scheine
des Scheins auf die Masse zu wirken u. auch
dieser Versuch kann nur mit dem Tode der
Masse enden u. wird nicht anders sich ab-
spielen, wie der erste, nicht in diese Welten
reichen die man der Menschheit vorenthalten
will. Schon am ersten Abend lasen wir Freund
Emil u. ich. Er wird aus meinem Manuscript
in zwei Exemplaren geschrieben werden. So
bleibt Zeit für Libuša. Auf die freue ich mich
schon. –

Aus diesem Brief ist zu entnehmen, daß Ludwig Polzer-Hoditz das «Kaspar Hauser»-Werk liest. Offen muß die Frage bleiben, ob zu diesem Typoskript der Entwurf der Einleitung gehörte oder nicht. Es ist aber aus dem sich in den Briefen darstellenden engen Freundschaftsverhältnis undenkbar, daß Paul Michaelis damals etwas hätte schreiben können, was Ludwig Polzer-Hoditz nicht hätte billigen können, insbesondere natürlich nicht etwas, das gewichtige Äußerungen von diesem direkt wiedergibt. Jedenfalls ist deutlich, daß Paul Michaelis seinen Freund vertrauensvoll an seiner Produktion teilnehmen ließ. Daher ist es in diesem Sinne auch berechtigt, die von Paul Michaelis in der Einleitung gegebene Darstellung als authentisch anzusehen.

Damit ist nichts über andere Aufzeichnungen von Paul Michaelis gesagt. Sie bedürfen – wie oben schon ausgesprochen – für sich im einzelnen der Prüfung.

Im folgenden werden aus den vorhandenen Briefen alle jene Stellen zitiert, die sich auf Demetrius oder Kaspar Hauser beziehen. Sie belegen eindeutig, daß zwischen den beiden Freunden diese Themen eine wesentliche, ja beherrschende Rolle spielten. Direkt ist zu bemerken, welches Gewicht den beiden Themen gegeben wird, indirekt ist daraus zu schließen, daß als bewegendes Moment die Fragen Rudolf Steiners im Hintergrund standen.

Der ganze Brief von Polzer-Hoditz vom 7. XI. 42 spricht von dem Demetrius-Problem.

Baden 7. XI. 42.

Verehrter, lieber Freund!

Vielen Dank für die Auskunft. Sehr interessant
was Demetrius betrifft. Bin mir aus Ihren An-
deutungen nicht im Klaren um welchen es sich
handelt, den der die Russen vom Tatarenjoch
befreite, oder den den Schiller anfing zu
schreiben. – Als ich einmal Dr St. sprechen hörte
über Goethes Verzweiflung als er Schiller verlor
u. dass D. nicht vollendet werden konnte,
dachte ich einige Jahre später daran ihn zu
vollenden, gab es bald auf, es war eben ohne
Einsichten wie Sie dieselben bekamen, un-
möglich. – In einem Zyklus las ich einmal
vor vielen Jahren über das falsche Jesus-
Bild welches von der S. J. in die Welt
gesetzt wurde, wo der Chr. J. zum Tyrannen
der Welt gemacht wurde. – Dann sah
ich tiefer in die Sache des falschen D.
u. warum das Schiller das Leben kostete.

Faksimile 3 (Seite 1)

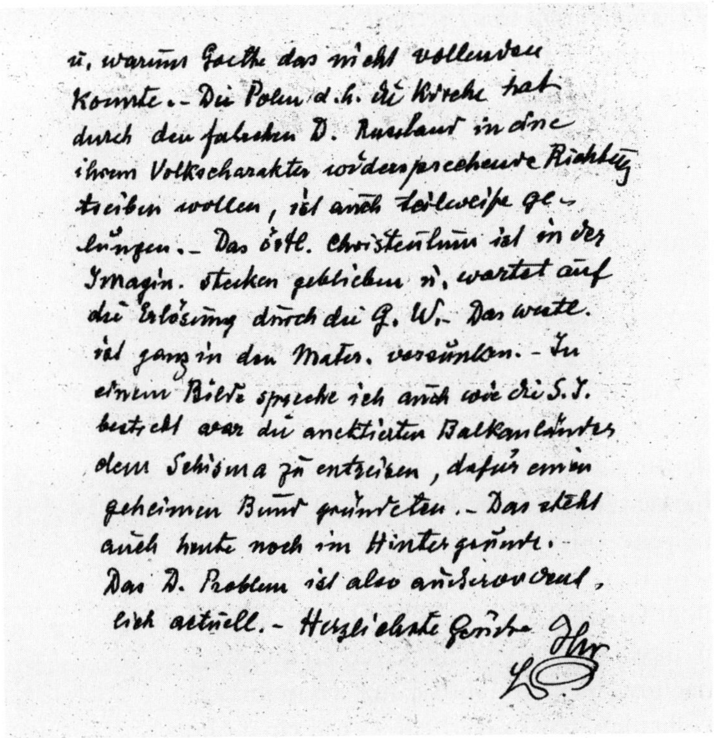

u. warum Goethe das nicht vollenden
konnte. – Die Polen d. h. die Kirche hat
durch den falschen D. Russland in eine
ihrem Volkscharakter widersprechende Richtung
treiben wollen, ist auch teilweise ge-
lungen. – Das östl. Christentum ist in der
Imagin. stecken geblieben u. wartet auf
die Erlösung durch die G. W. – Das westl.
ist ganz in den Mater. versunken. – In
einem Bilde spreche ich auch wie die S. J.
bestrebt war die annektierten Balkanländer
dem Schisma zu entreißen, dafür einen
geheimen Bund gründeten. – Das steht
auch heute noch im Hintergrunde.
Das D. Problem ist also außerordent-
lich aktuell. – Herzlichste Grüße Ihr
L. S.

Faksimile 3 (Seite 2)

[Transkription von Faksimile 3:
Brief von Ludwig Graf Polzer-Hoditz an Paul Michaelis vom 7.11.1942]

[S. 1:]

Baden 7.XI.42.

Verehrter, lieber Freund!

Vielen Dank für die Auskunft. Sehr interessant was Demetrius betrifft. Bin mir aus Ihren Andeutungen nicht im Klaren um welchen es sich handelt, den der die Russen vom Tatarenjoch befreite, oder den den Schiller anfing zu schreiben. – Als ich einmal D[r] St. sprechen hörte über Goethes Verzweiflung als er Schiller verlor u. dass D. nicht vollendet werden konnte, dachte ich einige Jahre später daran ihn zu vollenden, gab es bald auf, es war eben ohne Einsichten wie Sie dieselben bekamen, unmöglich. – In einem Zyklus las ich einmal vor vielen Jahren über das falsche Jesus-Bild welches von der S. J. in die Welt gesetzt wurde, wo der Chr. J. zum Tyrannen der Welt gemacht wurde. – Dann sah ich tiefer in die Sache des falschen D. u. warum der Schiller das Leben kostete[te].

[S. 2:]

u. warum Goethe das nicht vollenden
konnte. – Die Polen d. h. die Kirche hat
durch den falschen D. Russland in eine
ihrem Volkscharakter widersprechende Richtung
treiben wollen, ist auch teilweise ge-
lungen. – Das östl. Christentum ist in der
Imagin. stecken geblieben u. wartet auf
die Erlösung durch die G. W. – Das westl.
ist ganz in den Mater. versunken. – In
einem Bilde spreche ich auch wie die S. J.
bestrebt war die anektierten Balkanländer
dem Schisma zu entreißen, dafür einen
geheimen Bund gründeten. – Das steht
auch heute noch im Hintergrunde. –
Das D. Problem ist also außerordent-
lich aktuell. – Herzlichste Grüße

Ihr
[LPH.]

Drei Tage später wird das Thema fortgesetzt, wobei der Schlußsatz: «In diesem Kampf stehen wir jetzt alle» einen eindringlichen Gegenwartsbezug herstellt. Dabei sei daran erinnert, daß die drei Fragen Rudolf Steiners zwar in der Vergangenheit wurzeln, sich aber auf Gegenwart und Zukunft beziehen. Es handelt sich nicht um historische Fragen im gewöhnlichen Sinne.

Der Brief lautet:

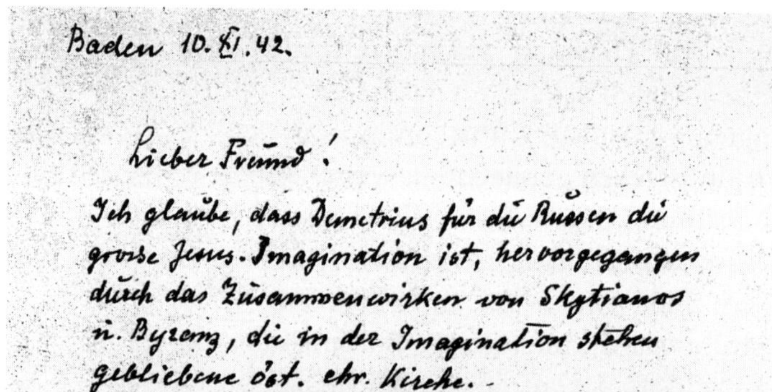

Baden 10.XI.42.

Lieber Freund!

Ich glaube, dass Demetrius für die Russen die grosse Jesus-Imagination ist, hervorgegangen durch das Zusammenwirken von Skythianos u. Byzanz, die in der Imagination stehen gebliebene öst. chr. Kirche.-

Diese Imag., dieses Bild versucht der westl. Occultismus durch eine falsche aus der Welt zu schaffen, der öst. Occultismus will sie auslöschen u. vergessen machen.-

Das wollte Schiller schildern in seinem Demetrius, das Hineintragen des falschen Bildes durch die Polen.-

In diesem Kampf zwischen öst. u. westl. Logen stand Blavatzky.-

In diesem Kampf stehen wir jetzt alle.

herzlichst

Faksimile 4

*[Transkription von Faksimile 4:
Brief von Ludwig Graf Polzer-Hoditz an Paul Michaelis
vom 10.11.1942]*

Baden 10.XI.42.

Lieber Freund!

Ich glaube, dass Demetrius für die Russen die grosse Jesus-Imagination ist, hervorgegangen durch das Zusammenwirken von Skytianos u. Byzanz, die in der Imagination stehen gebliebene öst. chr. Kirche.

Diese Imag., dieses Bild versucht der westl. Occultismus durch eine falsche aus der Welt zu schaffen, der öst. Occultismus will sie auslöschen u. vergessen machen. –

Das wollte Schiller schildern in seinem Demetrius, das Hineintragen des falschen Bildes durch die Polen. –

In diesem Kampf zwischen öst. u. westl. Logen stand Blavatzky. –

In diesem Kampf stehen wir jetzt alle. –

herzlichst
[LPH.]

Auf eine Anfrage von Paul Michaelis, die nicht vorliegt, antwortet Ludwig Polzer-Hoditz aus Baden am 12.I.43, wobei wiederum der aktuelle Bezug nicht überlesen werden sollte. Auf die Schlußfolgerungen, die aus diesem Brief gezogen worden sind, ist oben schon eingegangen worden.

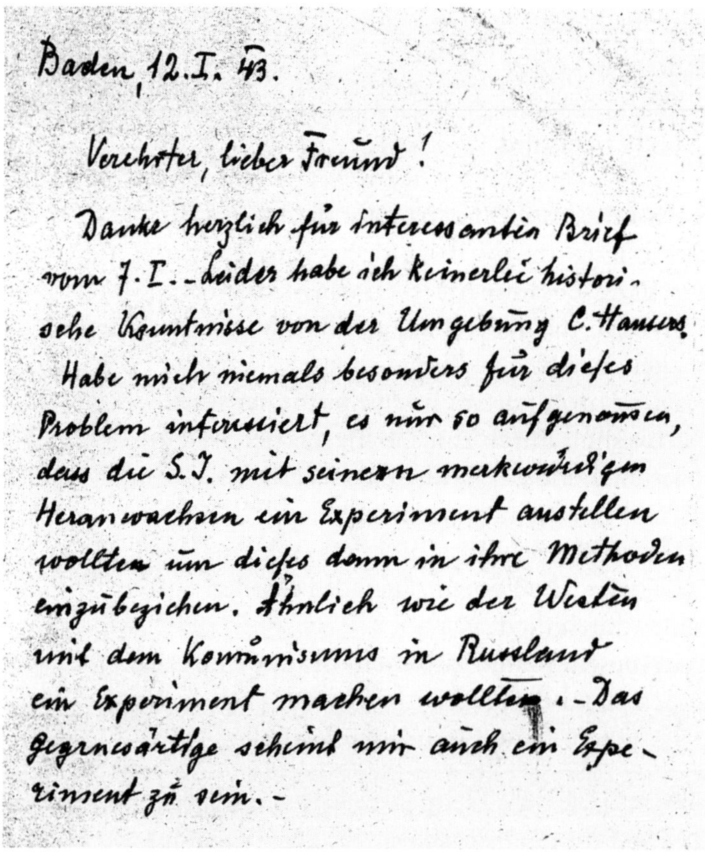

Baden, 12.I.43.

Verehrter, lieber Freund!

Danke herzlich für interessanten Brief vom 7.I. - Leider habe ich keinerlei historische Kenntnisse von der Umgebung C. Hausers. Habe mich niemals besonders für dieses Problem interessiert, es nur so aufgenommen, dass die S.J. mit seinem merkwürdigen Heranwachsen ein Experiment anstellen wollten um dieses dann in ihre Methoden einzubeziehen. Ähnlich wie der Westen mit dem Kommunismus in Russland ein Experiment machen wollten. - Das Gegenwärtige scheint mir auch ein Experiment zu sein. -

Faksimile 5

[Transkription von Faksimile 5:
Brief von Ludwig Graf Polzer-Hoditz an Paul Michaelis
vom 12.1.1943, S. 1 (Auszug):]

Baden, 12.I.43.

Verehrter, lieber Freund!

Danke herzlich für interessanten Brief
vom 7.I. – Leider habe ich keinerlei histori-
sche Kenntnisse von der Umgebung C. Hausers.
Habe mich niemals besonders für dieses Problem
interessiert, es nur so aufgenom̅en,
dass die S. J. mit seinem merkwürdigen
Heranwachsen ein Experiment anstellen
wollte~~n~~ um dieses dann in ihre Methoden
einzubeziehen. Ähnlich wie der Westen
mit dem Komunismus in Russland
ein Experiment machen wollte[~~n~~]. – Das
Gegenwärtige scheint mir auch ein Expe-
riment zu sein. –

In dem Brief vom 21. II. 43, der mit den Worten «Lieber Freund und Bruder!» beginnt, findet sich in bezug auf den «Demetrius» eine Ausführung, die einerseits wieder die Beziehung zur Gegenwart deutlich werden läßt, andererseits aber in ausgesprochener Weise auf Äußerungen Rudolf Steiners zu diesem Thema hinweist.

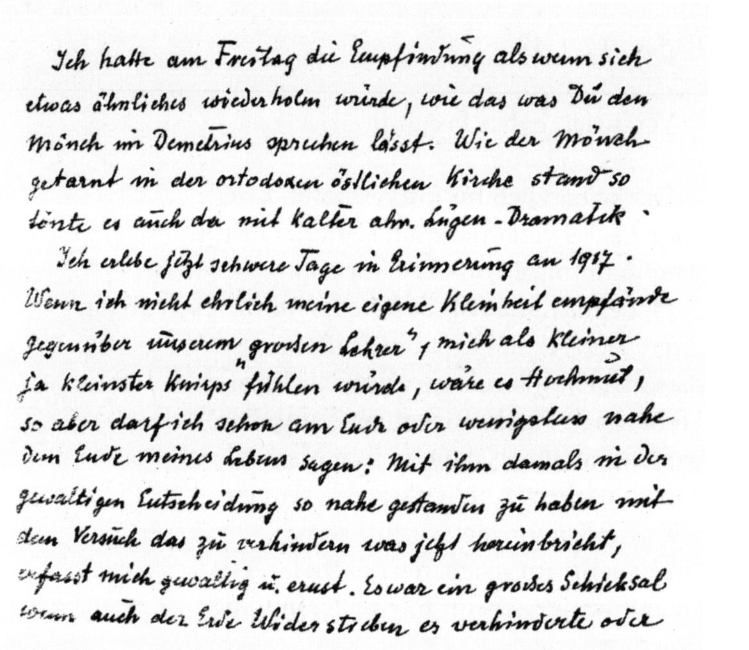

Ich hatte am Freitag die Empfindung als wenn sich
etwas ähnliches wiederholen würde, wie das was Du den
Mönch im Demetrius sprechen lässt. Wie der Mönch
getarnt in der ortodoxen östlichen Kirche stand so
tönte es auch da mit kalter ahr. Lügen-Dramatik.
Ich erlebe jetzt schwere Tage in Erinnerung an 1917.
Wenn ich nicht ehrlich meine eigene Kleinheit empfände
gegenüber unserem grossen Lehrer, mich als Kleiner
ja kleinster Knirps fühlen würde, wäre es Hochmut,
so aber darf ich schon am Ende oder wenigstens nahe
dem Ende meines Lebens sagen: Mit ihm damals in der
gewaltigen Entscheidung so nahe gestanden zu haben mit
dem Versuch das zu verhindern was jetzt hereinbricht,
erfasst mich gewaltig u. ernst. Es war ein grosses Schicksal
wenn auch der Erde Widerstreben es verhinderte oder

Faksimile 6 (Seite 1)

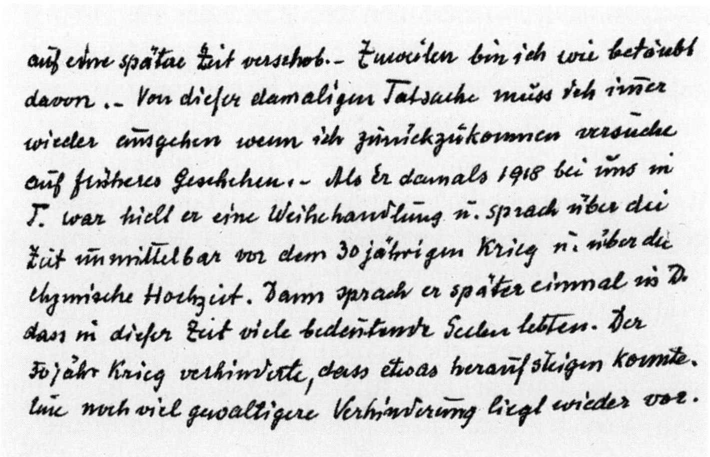
auf eine spätere Zeit verschob. – Zuweilen bin ich wie betäubt
davon. – Von dieser damaligen Tatsache muss ich immer
wieder ausgehen wenn ich zurückzukommen versuche
auf früheres Geschehen. – Als Er damals 1918 bei uns in
T. war hielt er eine Weihehandlung u. sprach über die
Zeit unmittelbar vor dem 30jährigen Krieg u. über die
chymische Hochzeit. Dann sprach er später einmal in D.
dass in dieser Zeit viele bedeutende Seelen lebten. Der
30jähr Krieg verhinderte, dass etwas heraufsteigen konnte.
Eine noch viel gewaltigere Verhinderung liegt wieder vor.

Faksimile 6 (Seite 2)

[Transkription von Faksimile 6:
Brief von Ludwig Graf Polzer-Hoditz an Paul Michaelis vom 21.2.1943 (Auszug)]

[S. 1:]

Ich hatte am Freitag die Empfindung als wenn sich etwas ähnliches wiederholen würde, wie das was Du den Mönch im Demetrius sprechen lässt. Wie der Mönch getarnt in der ortodoxen östlichen Kirche stand so tönte es auch da mit kalter ahr. Lügen-Dramatik.

Ich erlebe jetzt schwere Tage in Erinnerung an 1917. Wenn ich nicht ehrlich meine eigene Kleinheit empfände gegenüber unserem „großen Lehrer", mich als kleiner ja kleinster Knirps fühlen würde, wäre es Hochmut, so aber darf ich schon am Ende oder wenigstens nahe dem Ende meines Lebens sagen: Mit ihm damals in der gewaltigen Entscheidung so nahe gestanden zu haben mit dem Versuch das zu verhindern was jetzt hereinbricht, [erfasst] mich gewaltig u. ernst. Es war ein großes Schicksal wenn auch der Erde Widerstreben es verhinderte oder

[S. 2:]

auf eine spätere Zeit verschob. – Zuweilen bin ich wie betäubt davon. – Von dieser damaligen Tatsache muss ich im̄er wieder ausgehen wenn ich zurückzukommen versuche auf früheres Geschehen. – Als Er damals 1918 bei uns in T. war hielt er eine Weihehandlung u. sprach über die Zeit unmittelbar vor dem 30jährigen Krieg u. über die chymische Hochzeit. Dann sprach er später einmal in D. dass in dieser Zeit viele bedeutende Seelen lebten. Der 30jähr. Krieg verhinderte, dass etwas heraufsteigen konnte. Eine noch viel gewaltigere Verhinderung liegt wieder vor.

In zwei Vorträgen[25] hat Rudolf Steiner auf den Zusammenhang der Rosenkreuzer-Bewegung von 1614 bis 1616, auf deren Hintergrund das Buddha-Opfer auf dem Mars 1604 steht, mit dem Impuls zur Dreigliederung des sozialen Organismus ausdrücklich aufmerksam gemacht. Er bezeichnet diese Dreigliederungsbewegung als den zweiten Versuch. Auf die unabsehbaren Folgen des Scheiterns des zweiten Versuchs weist Rudolf Steiner mit den Worten hin: «Es wird an der Menschheit sein, daß dasjenige, was geschehen soll, nicht wiederum ungeschehen gemacht wird. Bequemlichkeit, Unwachsamkeit könnten sehr leicht den gegenwärtigen Versuch wiederum paralysieren. Ob aber die Dinge wiederum so ausgehen würden, wie bei der Paralysierung des Versuchs von Valentin Andreae, ist eine andere Frage.»[26]

Es ist eine historische Tatsache, daß die Menschheit in den Folgen dieser wiederum eingetretenen Paralysierung lebt, daß das 20. Jahrhundert dadurch seit den zwanziger Jahren geprägt worden ist. Um ein Wort von Ludwig Polzer-Hoditz nochmals hervorzuheben: «In diesem Kampf stehen wir jetzt alle» und werden über das Jahrhundertende hinaus weiterhin in diesem Ringen darinnen stehen.

Über Kaspar Hauser findet sich im Brief aus Baden vom 25.V.43 folgende kurze Bemerkung: «Deine Mitteilung, dass Kaspar Hauser wieder in Deinen Arbeiten auflebt zeigt mir Deine ungeschwächte geistige Activität.»

Anmerkungen

Kapitel 1

1 Peter Tradowsky, Kaspar Hauser – oder das Ringen um den Geist. ein Beitrag zum Verständnis des 19. und 20. Jahrhunderts, Dornach 1980. – Johannes Mayer/Peter Tradowsky, Kaspar Hauser. Das Kind von Europa. Stuttgart 1984.
2 Peter Tradowsky, «Mit Kaspar Hauser gegen Kaspar Hauser», in: *Die Drei*, Nr. 4/1994. – Karl Heyer, Kaspar Hauser und das Schicksal Mitteleuropas im 19. Jahrhundert, 3. Aufl. Stuttgart 1983. – Auf die Problematik dieser durchgesehenen und verbesserten Fassung hat Thomas Meyer in: *Der Europäer*, Jg. 1, Nr. 4, Febr. 1997, mit Recht hingewiesen.
3 Hermann Pies, Kaspar Hauser – Eine Dokumentation, Ansbach 1966, S. 8.
4 *Der Spiegel*, Nr. 48/1996, S. 255.
5 Ebenda, S. 270.
6 Ebenda, S. 258.
7 Edmond Bapst, Une mère et son fils: La Grande-Duchesse Stéphanie et Gaspard Hauser, Paris 1933.
8 Fritz Klee, Neue Beiträge zur Kaspar-Hauser-Forschung, Nürnberg 1929.
9 Ebenda, S. 53ff. (Die Kindesunterschiebung).
10 Friedrich Wencker-Wildberg, Rätsel der Weltgeschichte, Berlin 1944, S. 67ff. (Originalquelle: Philipp Fürst zu Eulenberg-Hertefeld, Das Ende König Ludwigs II. und andere Erlebnisse, Leipzig 1934, Band I, S. 203ff.)
11 J. Mayer/Peter Tradowsky, a. a. O., S. 268.
12 Ebenda.

13 Reinhard Heydenreuter, König Ludwig I. und der Fall Kaspar Hauser, Vortragsmanuskript.
14 Günter Hesse, «Kaspar Hauser – das epileptische Kind einer Tiroler Dienstmagd», *Ärzte-Zeitung* Nr. 86/1989 und in zahlreichen anderen Zeitungen und Zeitschriften.
15 *Der Spiegel*, a. a. O., S. 273.

Kapitel 2

16 Rudolf Steiner erwähnt das Jahr 1604 und das Buddha-Opfer auf dem Mars an folgenden Stellen (ohne Anspruch auf Vollständigkeit; GA = Bandnummer der im Rudolf Steiner Verlag, Dornach, erscheinenden *Rudolf Steiner Gesamtausgabe*):
(1) Das esoterische Christentum und die geistige Führung der Menschheit (GA 130), Dornach 1962, S. 321 (Vortrag Neuchâtel, 18. Dez. 1912).
(2) Das Leben zwischen Tod und neuer Geburt im Verhältnis zu den kosmischen Tatsachen (GA 141), Dornach 1964, S. 85 (Vortrag Berlin, 10. Dez. 1912). – Hinweis auf 1604 und die Sternkonstellation: Ebenda, S. 89ff. (Vortrag Berlin, 22. Dez. 1912).
(3) Der Mensch im Lichte von Okkultismus, Theosophie und Philosophie (GA 137), Dornach 1956, S. 164ff. (Oslo, Vorträge vom 11. und 12. Juni 1912; beide noch ohne die Jahresangabe 1604).
(4) Okkulte Untersuchungen über das Leben zwischen Tod und neuer Geburt (GA 140), Dornach 1970, Vortrag Stuttgart, 20. Febr. 1913 (ebenfalls ohne Jahresangabe).
17 Ders., Die geistigen Wesenheiten in den Himmelskörpern und Naturreichen (GA 136), Dornach 1989, Vortrag Helsingfors, 13. April 1912.
18 S. Anm. 1.
19 Rudolf Steiner, Die Theosophie des Rosenkreuzers (GA 99), Dornach 1962, S. 80f. (Vortrag München, 31. Mai 1907).
20 Fama Fraternitatis (Kassel 1614).
21 Rudolf Steiner, Das Miterleben des Jahreslaufes in vier kosmischen Imaginationen (GA 229), Dornach 1989, Vorträge Stuttgart, Dornach, 5. und 15. Oktober 1923.
22 Ders., Menschliche und menschheitliche Entwicklungswahrheiten. Das Karma des Materialismus (GA 176), Dornach 1964, S. 366. –

Ders., Die spirituellen Hintergründe der äußeren Welt (GA 177), Dornach 1966, S. 33f.

23 Ders., Das esoterische Christentum und die geistige Führung der Menschheit (GA 130), a. a. O.

24 Reinhard Buchwald, Schiller, Bd. II, Wiesbaden 1954, S. 380ff.

Kapitel 3

25 Jakob Wassermann, «Deutscher und Jude», in: Mein Weg als Deutscher und Jude, Heidelberg 1984, S. 94.

26 H. Pies, a. a. O., S. 20.

27 Anselm von Feuerbach, Kaspar Hauser. Beispiel eines Verbrechens am Seelenleben des Menschen. Nachdruck der Erstausg. v. 1832, mit einer Einleitung hg. von P. Tradowsky, Dornach 1983, S. 114.

28 Ebenda, S. 88.

29 Michael Klußmann, «Das Rätsel der Geburt», in: *Das Goetheanum*, Nr. 38/39/1996, S. 463. – P. Tradowsky, Kaspar Hauser, a. a. O., S. 272.

30 Siehe hierzu: Karl Heyer, in: *Mitteilungen aus der anthroposophischen Arbeit*, Ostern 1962.

31 P. Tradowsky, Kaspar Hauser, a. a. O., S. 188ff.

32 Rudolf Steiner, «Et incarnatus est», Vortrag Basel, 23. Dez. 1917, in: Ders., Mysterienwahrheiten und Weihnachtsimpulse. Alte Mythen und ihre Bedeutung (GA 180), Dornach 1980.

33 A. v. Feuerbach, a. a. O., S. 56f.

34 Georg Friedrich Daumer, Mitteilungen über Kaspar Hauser, Nachdruck der Erstausg. v. 1832, mit einer Einleitung hg. von P. Tradowsky, Dornach 1983, S. 51f.

35 A. v. Feuerbach, a. a. O., S. 66ff.

36 J. Mayer/P. Tradowsky, a. a. O., S. 71.

37 G. F. Daumer, a. a. O., S. 120.

38 Ebenda, S. 121.

39 Rudolf Steiner, Menschenschicksale und Völkerschicksale (GA 157), Dornach 1981, S. 23 (Vortrag Berlin, 1. Sept. 1914).

40 A. v. Feuerbach, a. a. O., S. 107.

41 J. Mayer/P. Tradowsky, a. a. O., S. 121ff.

42 Georg Friedrich Daumer, Kaspar Hauser – Sein Wesen und seine Unschuld, Nachdruck der Ausg. v. 1873, mit einer Einleitung hg. v. P. Tradowsky, Dornach 1984, S. 293.

43 Johann Simon Heinrich Fuhrmann, Kaspar Hauser, Nachdruck der Erstausg. von 1833 u. 1834, mit einer Einleitung hg. v. P. Tradowsky, Dornach 1983, S. 29.
44 Ebenda, S. 41.
45 Ebenda, S. 44.
46 Ebenda, S. 93.
47 Ebenda, S. 49.
48 H. Pies, a. a. O., S. 154.
49 J. Fuhrmann, a. a. O., S. 58.
50 H. Pies, a. a. O., S. 154.
51 J. Fuhrmann, a. a. O., S. 95.
52 Ebenda S. 57; G. F. Daumer, Mitteilungen, a. a. O., S. 283f.
53 G. F. Daumer, Mitteilungen, a. a. O., S. 284.

Kapitel 4

54 Friedrich Rittelmeyer, Meine Lebensbegegnung mit Rudolf Steiner, Stuttgart 1970, S. 62.
55 Rudolf Steiner, Vorstufen zum Mysterium von Golgatha (GA 152), Dornach 1964, Vortrag London, 2. Mai 1913.
56 Ebenda, S. 42.
57 Ebenda, S. 42f.
58 Ebenda, S. 43.
59 Ebenda, S. 44.
60 Ebenda, S. 44f.
61 Ebenda.
62 Ebenda.
63 Siehe hierzu: Rudolf Steiner, Die geistige Führung des Menschen und der Menschheit (1911). Geisteswissenschaftliche Ergebnisse über die Menschheits-Entwickelung (GA 15), Dornach 1987.
64 P. Tradowsky, Kaspar Hauser, a. a. O., S. 276.
65 Ebenda, S. 276f.
66 Rudolf Steiner, Von Jesus zu Christus (GA 131), Dornach 1988, 1. und 2. Vortrag Karlsruhe 1911.
67 J. Wassermann, a. a. O., S. 94.

Kapitel 5

68 R. Steiner, Vorstufen zum Mysterium von Golgatha (GA 152), a. a. O., S. 45.
69 Ders., Die Apokalypse des Johannes (GA 104), Dornach GA 104.
70 G. F. Daumer, Kaspar Hauser, S. 33 (dort auch alle folgenden Zitate).
71 Ebenda, S. 34ff.
72 Rudolf Steiner, Menschenschicksale und Völkerschicksale (GA 157), Dornach 1981, S. 109.
73 Ebenda, S. 106.
74 Ebenda, S. 111.
75 Ebenda, S. 107f.
76 J. Wassermann, a. a. O., S. 90.
77 Ebenda, S. 91.
78 Ebenda, S. 94.
79 Ebenda, S. 93f.
80 Ebenda, S. 95.
81 Ebenda, S. 96.
82 Ebenda, S. 92.
83 Aus: In memoriam Adolf Bartning, Altes und Neues zur Kaspar-Hauser-Frage, Ansbach 1930, S. 181f.
84 Rudolf Steiner, Mysterienwahrheiten und Weihnachtsimpulse (GA 180), Dornach 1966, Vortrag Dornach, 26. Dez. 1917.
85 Ebenda, Vortrag Basel, 23. Dez. 1917.
86 Ders., Das esoterische Christentum und die geistige Führung der Menschheit (GA 130), a. a. O., Vortrag Neuchâtel, 27. Sept. 1911.
87 Ders., Das Ereignis der Christus-Erscheinung in der ätherischen Welt (GA 118), Dornach 1977, Vortrag Karlsruhe, 25. Jan. 1910.
88 Ebenda.
89 Harald Giersch, Rudolf Steiner über die Wiederkunft Christi, Dornach 1991, S. 110. – Siehe auch: Peter Tradowsky, Christ und Antichrist, Dornach 1996.
90 Rudolf Steiner, Die Apokalypse des Johannes (GA 104), a. a. O., Vortrag Nürnberg, 29. Juni 1908.
91 Ebenda.
92 Guido Knopp, Hitler, Eine Bilanz, Berlin 1995, S. 236.
93 Ebenda, S. 31.

Kapitel 6

94 H. Pies, a. a. O., S. 31.
95 Rudolf Steiner, Das Johannes-Evangelium (GA 103), Dornach 1995.

Kapitel 7

96 Siehe hierzu zum Beispiel: Ders., Die Geheimwissenschaft im Umriß (GA 13), Dornach 1977, S. 340ff. (Kapitel «Die Erkenntnis der höheren Welten»).
97 Ders., Die Brücke zwischen der Weltgeistigkeit und dem Physischen des Menschen (GA 202), Dornach 1993, Vortrag Dornach, 25. Dez. 1920.
98 Ders., Vorstufen zum Mysterium von Golgatha (GA 152), Dornach 1964, S. 45.

Anhang I

1 Michael Klußmann, «Das Rätsel der Geburt, Mysterium und Mystifikation um Kaspar Hauser», in: *Das Goetheanum* Nr. 38–39/ 1996.
2 Ebenda, S. 461.
3 G. F. Daumer, Kaspar Hauser, a. a. O., S. 28f., 410ff. und an vielen anderen Stellen.
4 Ebenda, S. 450.
5 K. Heyer, a. a. O.
6 P. Tradowsky, Kaspar Hauser, a. a. O., S. 276.
7 Ebenda, S. 276f.
8 Ebenda, S. 98ff.
9 Karl Heyer, Kaspar Hauser und das Schicksal Mitteleuropas im 19. Jahrhundert, 1958, S. 118ff.
10 P. Tradowsky, Kaspar Hauser, a. a. O., S. 272f.
11 M. Klußmann, a. a. O., S. 462.
12 Ebenda.
13 P. Tradowsky, Kaspar Hauser, a. a. O., S. 262.

14 Christoph Lindenberg, «Fehler, Erfindungen und Fälschungen. Zur Memoirenliteratur über Rudolf Steiner», Mitteilungen aus der anthroposophischen Arbeit in Deutschland, Weihnachten 1990. – Heinz Matile/Andreas Meister, «Zu den sogenannten Polzer-Hoditz-Aufschreibungen», in: *Das Goetheanum*, Nr. 45/1997, Nachrichten für deren Mitglieder, S. 260ff.
15 Michael Klußmann, a. a. O., S. 463.
16 H. Matile/Andreas Meister, a. a. O.
17 Thomas Meyer, Ludwig Polzer-Hoditz, Basel 1994, S. 615.
18 P. Tradowsky, Kaspar Hauser, a. a. O., S. 275. – Th. Meyer, a. a. O., S. 564f.
19 Th. Meyer, a. a. O., S. 615.
20 P. Tradowsky, Kaspar Hauser, a. a. O. – Peter Tradowsky, Demetrius im Entwicklungsgang des Christentums, Dornach 1989. – Peter Tradowsky, Johannes der Täufer und Lazarus Johannes. Vom Quell der Entwicklung, Dornach 1995.
21 Rudolf Steiner, Von Jesus zu Christus (GA 131), a. a. O., 1. und 2. Vortrag Karlsruhe 1911.
22 H. Matile/Andreas Meister, a. a. O., S. 263.
23 Hierauf wurde bereits eingegangen in: Peter Tradowsky, K. Hauser, a. a. O., S. 148ff.
24 Peter Tradowsky, Christ und Antichrist, a. a. O.

Anhang II

25 Vortrag Berlin, 25. Sept. 1917, in: Rudolf Steiner, Menschliche und menschheitliche Entwicklungswahrheiten. Das Karma des Materialismus (GA 176), Dornach 1982 und Vortrag Dornach, 30. Sept. 1917, in: Ders., Die spirituellen Hintergründe der äußeren Welt. Der Sturz der Geister der Finsternis (GA 177), Dornach 1985.
26 Ders., Menschliche und menschheitliche Entwicklungswahrheiten. Das Karma des Materialismus (GA 176), a. a. O., S. 366.

DIE BÜCHER VON
PETER TRADOWSKY
IM VERLAG AM GOETHEANUM

KASPAR HAUSER – ODER DAS RINGEN UM DEN GEIST

Ein Beitrag zum Verständnis des 19. und 20. Jahrhunderts

3. Aufl. 1983, 287 S., teils farb. Abb., geb.
ISBN 3-7235-0290-3

«Das Böse wird nur überwunden, wenn wir es erkennen, wir können das Gute dann um so sicherer und kraftvoller vollbringen. Das kann man aus diesem Buch lernen, Kaspar Hausers Opfergang und Rudolf Steiners Geisteskampf treten als leuchtende Vorbilder vor unsere Seelen, sie befreien und stärken uns.

Peter Tradowsky hat sein Buch ‹Den Freunden Kaspar Hausers› gewidmet und, indem wir dem Autor für dieses Buch danken, möchten wir nur wünschen, daß die Freunde Kaspar Hausers immer zahlreicher werden.»

Friedwart Husemann

Peter Tradowsky

Demetrius

im Entwicklungsgang des Christentums

1989, 469 S., farb. Abb., geb.
ISBN 3-7235-0540-6

In diesem Buch stellt sich Peter Tradowsky die Aufgabe, der zweiten der drei Fragen Rudolf Steiners nachzugehen, deren Beantwortung «für die Zukunft von ganz besonderer Wichtigkeit» sei: «Wer war Demetrius?»

Sein Beitrag zur *dritten* Frage Steiners: «Woher kam Kaspar Hauser?» hatte weit über die anthroposophische Bewegung hinaus Aufsehen erregt und viele Publikationen nach sich gezogen.

Kaspar Hauser und Demetrius: beide sind, äußerlich gesehen, gescheitert, haben nichts erreicht; beide sind weithin verkannt oder vergessen. Kaum ein Historiker war bereit, ihnen eine nennenswerte historische Bedeutung beizumessen. Demgegenüber steht die zukunftentscheidende Bedeutung ihrer Bewertung im Sinne Rudolf Steiners. Aber auch in der anthroposophischen Literatur suchte man bisher vergeblich nach Beiträgen zur Demetrius-Frage. – Auch dieses Buch versteht er als *Beitrag zum Verständnis der Gegenwart.*

Peter Tradowsky

Johannes der Täufer und Lazarus-Johannes

Vom Quell der Entwicklung

1995, 102 S., farb. Abb., geb.
ISBN 3-7235-0922-3

Die Aufgabenstellung für dieses Buch ergibt sich aus der letzten, vermächtnishaften Ansprache Rudolf Steiners. Das Verhältnis der beiden Johannes zueinander zu verstehen, ist von fundamentaler Bedeutung. Ein solches Verständnis bildet die Grundlage für eine spirituelle Entwicklung im Sinne des Christus-Impulses in der Gegenwart und in der Zukunft.

Diese Fragen sind zwar ebenso schwierig wie zukunftsträchtig. Peter Tradowsky wagt den Versuch, Schritte zu ihrer Lösung zu unternehmen. Seine Arbeit trägt dazu bei, daß das Vermächtnis Rudolf Steiners einerseits nicht verlorengeht und daß es anderseits besser verstanden werden kann.

Denn die Gefahr der Verflachung und Verwirrung kann wohl im Ernst von niemandem bestritten werden, der verfolgt, wie mit Steiner und der Anthroposophie umgegangen wird.

Peter Tradowsky

Christ und Antichrist

Von den Erkenntnisaufgaben für das Jahrhundertende

2. Aufl.1997, 139 S., kart.
ISBN 3-7235-0971-1

Dem größten Ereignis des 20. Jahrhunderts, dem Erscheinen des Christus in der ätherischen Welt, steht zu gleicher Zeit und notwendigerweise der Widersacher entgegen: der Sonnendämon, der besonders am Jahrhundertende wirkt. Die wahren Gründe für die Menschheitskrise liegen auf spirituellem Feld. Das wirft schwerwiegende Erkenntnisfragen auf: Wie steht die Christus-Erscheinung zu dem Widersacher und den anderen bösen Wesenheiten? Wie sind diese zu erkennen und zu unterscheiden? Wie stellt sich das Wirken des Sonnendämons in diesem Jahrhundert dar? Wie ist diesem Wirken zu begegnen? Welche Wege führen zu der Christus-Erscheinung?